As LEIS — *da* — JUSTIÇA

As LEIS — *da* — JUSTIÇA

Como Resolver os Conflitos Mundiais e Alcançar a Paz

RYUHO OKAWA

Ⓡ IRH Press do Brasil

Copyright © 2016 Ryuho Okawa
Título do original em inglês: *The Laws of Justice – How Can We Solve World Conflicts and Bring Peace*
Título do original em japonês: *Seigi No Ho*

Tradução para o português: Happy Science do Brasil
Coordenação editorial: Wally Constantino
Revisão: Francisco José M. Couto e Laura Vecchioli
Diagramação: Priscylla Cabral
Capa: Maurício Geurgas
Imagem de capa: IRH Press Japão
Imagens do miolo: ©jiji / Lover of Romance / KyodoNews / 11th Regional Coast Guard Headquarters

IRH Press do Brasil Editora Limitada
Rua Domingos de Morais, 1154, 1º andar, sala 101
Vila Mariana, São Paulo – SP – Brasil, CEP 04010-100

Nenhuma parte desta publicação poderá ser reproduzida, copiada, armazenada em sistema digital ou transferida por qualquer meio, eletrônico, mecânico, fotocópia, gravação ou quaisquer outros, sem que haja permissão por escrito emitida pela Happy Science – Ciência da Felicidade do Brasil.

ISBN: 978-85-64658-25-7

Sumário

Nota do editor 15
Prefácio 23
Mensagem a você (1) O que é a justiça no nível global? ... 24

CAPÍTULO UM
Deus não está em silêncio
~ A Verdade que transcende a justiça acadêmica ~

1. Um problema educacional dos países desenvolvidos 28
2. Os conflitos entre o estudo acadêmico e a fé nas universidades americanas 30
   Um filme sobre a discussão da fé na universidade 30
   O personagem principal do filme provou a existência de Deus com base na Bíblia 33
3. Somente Deus pode dizer: "Este é o único caminho" 34
4. As vozes de Deus estão se manifestando agora 36
   O trabalho missionário da Happy Science começou com um pequeno grão de trigo 36
   Jesus foi a única pessoa que ouviu a voz de Deus na sua época 38
5. Transcender os limites acadêmicos com a Verdade 39
   O senso comum deste mundo está distante das Verdades de Deus 39
   A Verdade tem de ser forte 42
   Deus está vivo 44

Mensagem a você (2) Pense no amor e na justiça do ponto de vista da sabedoria 46

~CAPÍTULO DOIS~
O conflito entre religião e materialismo
~ Quem concebeu a alma humana? ~

1. Os recorrentes desastres naturais na Terra 52
2. Buscar pôr fim aos conflitos religiosos 53
   Cada pessoa reage de modo diferente aos conflitos religiosos 53
   A Happy Science está tentando livrar este mundo de vários conflitos 56
   A educação atual não dá ensinamentos sobre o que é invisível 57
   A Happy Science está assumindo o desafio de promover uma revolução global 59
3. Corrigir os equívocos do budismo teravada 61
   Os seguidores do budismo teravada acreditam que Buda nunca irá renascer 61
   Buda não negou a reencarnação 64
   O budismo maaiana ensina que o Iluminado voltará a este mundo para a obra de salvação 66
4. Quem projetou a evolução? 69
   Os cientistas pensam equivocadamente que a alma é na realidade o DNA 69
   Todas as formas de vida deste mundo têm um propósito 71
5. As religiões que ensinam sobre a morte servem ao interesse público 72
   Definir a morte é muito difícil 72

As instalações religiosas são locais para se comunicar com o
Mundo Espiritual..74
A simples Verdade, que os intelectuais de hoje não compreendem 77

6. **Ter espírito de devoção ao sagrado** 79
O mundo não pode ser salvo pelos computadores, como imaginou
Bill Gates 79
Não devemos esquecer o espírito de procurar algo sublime....................81
Quero conduzir o mundo a um futuro brilhante e livre.............................84

**Mensagem a você (3) As Seis Grandes Tentações são
critérios para determinar a justiça no nível pessoal** 86

CAPÍTULO TRÊS
O progresso que começa com a retidão
~ A política e a economia vistas da perspectiva da justiça ~

1. **Dois incidentes relacionados com o islã**...92
Críticas severas em mensagens espirituais de Maomé, registradas
após o atentado terrorista ao *Charlie Hebdo*, em Paris.............................92
Como devemos encarar a crise dos reféns japoneses com
o Estado Islâmico? 93
Em sua visita a quatro países do Oriente Médio, o primeiro-ministro
Abe falou sobre o Estado Islâmico..93
Os espíritos dos principais ministros do gabinete japonês vieram
me visitar e pedir conselhos 95

2. **Como o Japão lidou com a crise dos reféns**...................................98
O jeito japonês de dar uma coletiva de imprensa do primeiro-ministro
Abe deixou o Estado Islâmico confuso 98

"Salvar vidas humanas" é uma mensagem para o Japão; "Não ceder
ao terrorismo" é uma mensagem para o Ocidente 99
A interpretação da expressão "ajuda humanitária", que a mídia
japonesa usou com frequência 100
Como o Estado Islâmico encarou a visita do primeiro-ministro Abe
aos quatro países do Oriente Médio? 102
Nem o primeiro-ministro nem a mídia emitiram mensagens
expressando um juízo de valor 103

3. O que é retidão em termos políticos? 106
Duas formas de pensar que definem a justiça 106
O islã acredita que não existe o fundamentalismo islâmico 108
Leis como a que proíbe a educação às mulheres não são ensinamentos
islâmicos, mas padrões culturais 110
Os dois reféns japoneses estavam sujeitos ao princípio da
autorresponsabilidade 111
Que mensagem final deveria ter sido deixada pelos reféns
japoneses 112
Na comunidade internacional, as mensagens só são eficazes quando
contêm juízo de valor 114
A vida humana em primeiro lugar é o próprio Credo Japonês,
como definiu Shichihei Yamamoto 115
A única maneira de avaliar se algo está certo ou errado 116
Desde que as forças armadas americanas abandonaram seu papel de
polícia do mundo, o caos aumentou 118

4. O que é retidão nas questões econômicas? 119
Fornecer às pessoas igualdade de oportunidades, mais do que
igualdade de resultados 119
Torne o espírito de *noblesse oblige* uma espécie de cultura 122

5. Divulgue o pensamento de progresso e prosperidade
do Japão para o mundo 126

Eliminar a desigualdade não fará bem nenhum, a não ser que você use a sabedoria 126

Em vez de dar o peixe, ensine a pescar 127

CAPÍTULO QUATRO
O princípio da justiça
~ Maneiras de pensar a "justiça no nível pessoal" e a "justiça entre as nações" ~

1. Justiça: a questão mais difícil da era moderna 130
   A justiça no nível pessoal é determinada principalmente pela lei 130
   Na questão da desnuclearização do Oriente Médio, temas religiosos fundamentam a justiça 132
   Houve justiça na perseguição ao povo judeu? 135
   É muito difícil determinar o que é justiça enquanto os problemas ainda estão ocorrendo 137

2. A justiça do ponto de vista da religião 140
   A justiça no nível pessoal começa com a consciência de que somos filhos de Deus, ou filhos de Buda 140
   A doutrina política moderna começou com a negação do dualismo maniqueísta entre bem e mal 142
   Como surgiu a moderna reforma política? 145
   Hoje a "justiça do bom coração" está desaparecendo 146

3. Como considerar a justiça nos debates sobre a Constituição do Japão 147
   A interpretação equivocada que os intelectuais fazem do "constitucionalismo" 147

Não é a Constituição que submete as pessoas; é o povo soberano
que cria a Constituição 149
Intelectuais constitucionalistas estão confundindo "constitucionalismo"
com "primado da lei" 151
A própria Constituição do Japão é inconstitucional 152

4. **Os perigos da "nomocracia" e do "primado da lei"** 154
   O oposto da nomocracia é o "governo por virtude" 154
   A nomocracia pode se tornar perigosa se for levada longe demais 156
   Mais leis restringindo a liberdade deixam a vida menos prática 157
   Não podemos permitir que as leis sobrevivam e as pessoas
   desapareçam 158

5. **Como a justiça é definida no mundo** 161
   As duas principais tendências que se confrontam no mundo 161
   Quando não aceitamos a existência de aspectos que transcendem
   este mundo, erros acontecem 163
   Eliminar as disparidades econômicas acabará com a liberdade 165
   Será que a paridade "uma pessoa, um voto" é realmente justa? 166
   "Justiça no nível pessoal" e "justiça para o todo" 169

**Mensagem a você (4) O "direito de silenciar" dos meios
de comunicação pode arruinar um país** 170

CAPÍTULO CINCO
A grande virada na história da humanidade
~ O que o Japão precisa fazer para se tornar líder mundial ~

1. **O poder da sabedoria exigido em nossos dias** 174
   O que eu sinto agora, na 25ª Festividade Natalícia 174

Com a ajuda de muitos, quero levar as Leis a todas as pessoas
do mundo 175
O tipo de sabedoria que você constrói é muito importante 177

2. **Uma revolução espiritual que encoraje as pessoas
a uma grande mudança de perspectiva** 178
As duas maiores correntes de pensamento do mundo 178
O real significado da Grande Guerra do Leste Asiático 179
O termo "paz" tem um sentido diferente para cada país 181

3. **Compreender o conflito no sistema de valores
do mundo** 184
As difíceis situações que os Estados Unidos, como superpotência
mundial, enfrentarão a partir de agora 184
A frustração alemã em relação às compensações pela crise financeira
da Grécia 187
Uma divisão começa a surgir na União Europeia devido ao crescente
desemprego causado pela austeridade fiscal 189
As ações da China podem levar o mundo a uma divisão
no futuro 190
Nem o constitucionalismo nem o primado da lei
são onipotentes 191

4. **O espírito de estabelecer uma nação religiosa necessário
para se tornar líder mundial** 194
"Democracia sem Deus" e "Democracia com Deus" 194
Ao contrário do que ocorre na Grécia, a economia japonesa não
corre risco de falência 195
O que o governo japonês deve fazer agora é criar empregos 196

**Mensagem a você (5) Trabalhe para conseguir uma paz
acompanhada por justiça** 198

CAPÍTULO SEIS
Estabelecer a justiça de Deus
~ Os ensinamentos do Deus Supremo são agora necessários ao mundo ~

1. **Os sistemas de valores do mundo estão abalados** 204
   A justiça global segundo o padrão americano está agora sendo questionada 204
   O padrão de julgamento deve ser "a realização da maior felicidade para o maior número de pessoas" e "para a felicidade das gerações futuras" ... 205
   Duas ideias contraditórias na democracia 207

2. **A avaliação que se faz do Japão em relação à Segunda Guerra Mundial é justa?** 208
   As avaliações positivas que a Ásia fez sobre o Japão não são divulgadas como se deveria 208
   A razão pela qual faço questão de expressar minha opinião sobre problemas globais 211
   Nem mesmo as nações vencedoras podem mudar a cultura e a religião das nações derrotadas 214
   Os antecedentes espirituais da eclosão de guerras e a ascensão e queda de nações ao longo da história 216

3. **Como encarar os conflitos entre diferentes religiões** 219
   Qual o significado do aumento do número de muçulmanos 219
   Por que razão homens e mulheres no Ocidente vêm se juntando ao Estado Islâmico como soldados voluntários 221
   Os dois heróis do filme *Sniper Americano* 223
   Por que os extremistas de países muçulmanos são levados a atos de terrorismo 225

4. Como o Japão pode contribuir para a
paz mundial 227
   Por que as "Unidades de Ataque Especial" japonesas mostradas no
   filme *O Eterno Zero* não são consideradas terroristas 227
   Quero que as pessoas compreendam o espírito Yamato, que não
   abandonou Okinawa 228
   O hegemonismo que não tem uma nobre causa está equivocado 230
   O Japão deve ganhar poder para se proteger e contribuir para a
   paz mundial 233

5. Superar conflitos religiosos e étnicos 235
   As religiões monoteístas tendem a falar mal de outras religiões 235
   O budismo e o xintoísmo japonês reconhecem vários deuses;
   sua ideia é próxima da adoração de um Deus Supremo 237
   O judaísmo visto da perspectiva da retidão 238
   Chegou a hora de rever os critérios de justiça em escala global 240
   As difamações da Coreia do Sul contra o Japão contêm resquícios
   de consciência étnica 242

6. Buscar a felicidade de todas as pessoas por meio
do estabelecimento da justiça de Deus 245
   A justiça de Deus está revelada em meus livros *As Leis do Sol*,
   As Leis Douradas e *As Leis da Eternidade* 245
   Na Segunda Guerra Mundial, a separação entre Igreja e Estado teve
   influência negativa 247
   A administração de Deus opera além das fronteiras das religiões
   em cada país 248
   O Deus Supremo deseja concretizar a felicidade de todas
   as pessoas 249

Mensagem a você (6) Assimile o que é verdadeiramente
certo 253

Posfácio 257

Sobre o autor 259
Sobre a Happy Science 263
Contatos 265
Partido da Realização da Felicidade 269
Universidade Happy Science 270
Filmes da Happy Science 272
Outros livros de Ryuho Okawa 273

Nota do editor

Como podemos resolver conflitos neste mundo? Este é o principal tema deste livro. Nunca houve na história um período igual ao nosso, com tantas sementes de conflitos mundiais — problemas como o terrorismo, o Estado Islâmico, a guerra civil na Síria e a crise de refugiados, os problemas no Oriente Médio como o rompimento de relações diplomáticas entre a Arábia Saudita e o Irã, a anexação da Crimeia pela Rússia, a expansão militar da China, o desenvolvimento nuclear da Coreia do Norte, entre outros.

Principalmente nesses oito anos da administração Obama nos Estados Unidos, parece que a ordem mundial passou a oscilar intensamente a partir do momento em que esse país abriu mão de seu papel de polícia do mundo. Foi em meio a todos esses problemas mundiais que *As Leis da Justiça* foi publicado. Trata-se de um registro escrito das palestras que o autor proferiu no Japão, e tem previsão de lançamento em várias línguas, a começar por inglês, alemão, francês, português, chinês, russo, coreano, mongol e outras mais.

A importância dos valores religiosos

Gostaríamos de explicar agora, de forma resumida, alguns pontos deste livro. O primeiro capítulo é "Deus não está em silêncio" e o último, "Estabelecer a justiça de Deus". Portanto, podemos ver a partir dessa estrutura que a obra se baseia em valores religiosos e espirituais. Por quê? Porque nós, da Happy Science, acreditamos que uma religião verdadeira tem o poder de trazer paz ao mundo, protegendo os direitos humanos e tornando-se a base de um governo democrático. Muitos podem discordar dizendo: "Não, a religião é que é a causa desses conflitos". Na realidade, existem esses dois lados. Mas, por favor, volte um pouco atrás e examine a história.

Houve o Grande Expurgo de Stálin na União Soviética, país de ideologia materialista, e o grande massacre no Camboja na época de Pol Pot. Além desses, tivemos na China o expurgo promovido pela Grande Revolução Cultural de Mao Tsé-Tung, que obrigou o dalai-lama a sair do Tibete para um exílio que dura até hoje. Na Coreia do Norte, há casos de sequestro de japoneses e coreanos e um incontável número de pessoas sendo expurgadas ou fugindo do país porque não conseguem suportar a tirania. Como você pode ver, em um país sem religião, os direitos humanos são ignorados e as opiniões divergentes, reprimidas. Não é incomum que na história de países assim ocorra um grande massacre.

Realizar a felicidade de todas as pessoas

O grande país democrático que são os Estados Unidos foi fundado com base em valores religiosos. O trecho a seguir da Declaração de Independência é famoso: "Consideramos estas verdades como autoevidentes, que todos os homens são criados iguais, que são dotados pelo Criador de certos direitos inalienáveis, que entre estes direitos estão a vida, a liberdade e a busca da felicidade". Porém, mesmo nos Estados Unidos houve mudanças recentemente. O presidente Obama disse em seu discurso de posse: "Somos uma nação de cristãos e muçulmanos, judeus, hindus e não crentes". Desse modo, a democracia está sendo abalada, mas almejamos uma verdadeira prosperidade da democracia a partir do valor religioso correto. Portanto, acreditamos que é possível achar um modo de realizar a felicidade de todas as pessoas, e não, como se afirma muitas vezes na democracia, a felicidade apenas do maior número possível de pessoas. É exatamente isso que o autor declara no Capítulo 6. Esta felicidade é o desejo do Deus Supremo.

Uma visão de mundo politeísta com um Deus Supremo

A esse respeito, Ryuho Okawa recentemente deu uma palestra sobre este livro na qual declarou: "As pessoas dizem que há conflitos no mundo por causa da religião, mas a religião à qual elas se referem é a monoteísta. As religiões monoteístas estão lutando umas contra as outras". Partindo desse ponto de vista, podemos dizer que a Happy Science está tentando iniciar uma revolução religiosa ou uma transformação mundial, mudando essa visão de mundo monoteísta e adotando uma visão de mundo politeísta com um Deus Supremo.

Temos publicado mensagens espirituais de muitos espíritos elevados, de uma variedade de espíritos que abrange desde figuras históricas como Moisés, Jesus, Maomé e Buda Shakyamuni até personalidades mais recentes, como Nelson Mandela, Madre Teresa de Calcutá, Steve Jobs etc.

Essas mensagens espirituais são prova de que existem muitos deuses ou entidades quase divinas no Mundo Espiritual. De certo modo, elas provam cientificamente que há muitos níveis de deuses e que existe diversidade.

• Nota do autor •

As limitações das religiões tradicionais

Além disso, mesmo as religiões tradicionais, fundadas por pessoas que ouviram a voz de Deus, como é o caso do cristianismo e do islamismo, estão vinculadas à sua época e às suas regiões. Essas limitações vêm dando origem a vários problemas, como a proibição da burca na França e as controvérsias em relação ao casamento de pessoas do mesmo sexo e ao aborto. As religiões mundiais que existem hoje foram fundadas há mais de mil anos. Assim, é natural a busca de uma nova religião capaz de conciliar os valores espirituais com os avanços da tecnologia científica ou dos estudos acadêmicos.

O conceito de reencarnação ajudará a resolver conflitos religiosos e étnicos

A Verdade que a Happy Science ensina é muito simples. No Capítulo 2 deste livro afirma-se: "Quando as pessoas morrem, voltam ao outro mundo e retomam sua vida enquanto almas. Embora o mundo após a morte seja o Mundo Real, as pessoas às vezes voltam para este nosso planeta". Em resumo, as pessoas nascem neste mundo, repetidas vezes, às vezes em países diferentes, e acreditam em muitas religiões. Se hoje você é cristão, pode ter sido muçulmano em uma vida passada. O oposto também ocorre. Assim, você pode concluir que os conflitos religiosos e étnicos não fazem sentido.

Estabelecer a justiça de Deus e trazer paz ao mundo

O mestre Okawa pronunciou as seguintes palavras em uma palestra intitulada "O Mundo no Qual Podemos Acreditar", em dezembro de 2015: "Prego as Leis da Justiça a fim de construir um mundo no qual possamos acreditar. Temos o direito de viver em um mundo no qual possamos acreditar".

Isaías afirma, no versículo 42:1:

"Eis aqui o meu servo, a quem sustenho; o meu escolhido, em quem se compraz a minha alma; pus o meu espírito sobre ele. Ele trará justiça às nações".

É uma missão comum dos humanos, no passado, no presente e no futuro, construir um mundo no qual possamos acreditar, estabelecendo a Justiça de Deus. É por isso que lutamos contra o ateísmo e o materialismo. No entanto, no que se refere a religiões corretas como o cristianismo, o islamismo, o budismo, o judaísmo, o hinduísmo etc., devemos ser mutuamente tolerantes e compreensivos, a fim de criarmos juntos a paz mundial. Em relação a aspectos das religiões antigas que não são mais adequados às pessoas da era

• Nota do autor •

presente, queremos mostrar novos ensinamentos mais adequados. *As Leis da Justiça* descreve de que modo a justiça deveria se afigurar neste mundo, conforme é vista pelo Deus Supremo. Ao acreditar no Deus Supremo, podemos aceitar a existência de vários deuses (espíritos elevados), reconhecer que toda e qualquer pessoa tem dignidade como filha de Deus, e amar e perdoar uns aos outros. Isso deve trazer paz ao mundo.

Ultrapassar a fronteira dos estudos acadêmicos

As ideias têm poder. John Maynard Keynes, célebre economista britânico, disse que "as ideias dos economistas e filósofos políticos, estejam elas certas ou equivocadas, são mais poderosas do que geralmente se entende. Na verdade, o mundo é governado por poucas coisas mais".

No Prefácio e no Posfácio deste livro afirma-se: "Sendo uma religião recém-nascida, decidimos incorporar totalmente a política internacional em nossos ensinamentos" e "assumi o desafio de colocar as revelações de Deus como um tema de estudo acadêmico". Rezamos sinceramente para que as ideias deste livro, que vão além da ciência política, da economia e de outras esferas acadêmicas, possam se difundir muito e trazer paz ao mundo.

Por favor, considere que cada capítulo deste livro se baseia em uma palestra proferida em japonês, no Japão, pelo autor, Ryuho Okawa. Portanto, alguns leitores podem ficar imaginando por que há tantos assuntos relacionados com o Japão neste livro. Sim, o autor é japonês e a Happy Science iniciou suas atividades no Japão, mas o conteúdo é universal, e de forma alguma se prende a algum nacionalismo étnico. Okawa escreveu mais de 2 mil livros até o momento, e a série Leis faz parte da essência de seus ensinamentos. Cada uma dessas Leis corresponderia a uma Bíblia inteira do cristianismo.

O Antigo Testamento é um livro sobre a história – fala de eventos reais ocorridos no antigo Israel. No entanto, o conteúdo do Antigo Testamento exerceu grande influência nas ideias, cultura e política do mundo todo. O fato de se tratar de um exemplo específico não significa que ele não envolva um conceito universal; ao contrário, em muitos casos é possível aprender verdades universais a partir de exemplos específicos. Esperamos sinceramente que os leitores deste livro passem a contemplar os problemas atuais e os assuntos relacionados ao Japão e a outras regiões considerando este ponto de vista.

Prefácio

Que profundo e imponente é o tema "leis da justiça". É um eterno tema da filosofia. Do ponto de vista da política, esse tópico aborda a razão pela qual as pessoas sempre têm de passar por revoluções em sua busca da democracia. Para a religião, buscar as Leis da Justiça significa perseguir continuamente a verdadeira Vontade de Deus.

Neste livro, dou minha definição do que considero certo no que se refere a eventos atuais da política internacional, e trato ainda de aspectos da política japonesa e de comentários da mídia, que estiveram em evidência na época em que fiz minhas palestras. O livro também inclui questões metafísicas, idealistas e abstratas.

Assim, sendo uma religião recém-nascida, decidimos incorporar totalmente a política internacional em nossos ensinamentos. Nisso, minha posição tem sido sempre socrática, ao revelar às pessoas comuns de hoje em dia coisas que elas acreditam conhecer, mas que na verdade desconhecem.

Se este é um livro sobre religião ou uma obra de filosofia política, isso dependerá de cada leitor.

Ryuho Okawa
Dezembro de 2015

Mensagem a você ①

O QUE É A JUSTIÇA NO NÍVEL GLOBAL?

Para responder à questão: "O que é a justiça global?",
O critério que pode ser usado para defini-la
É se as pessoas ao redor do mundo
São capazes de encará-la como justiça global.

Existem muitos países no mundo,
E cada um deles proclama suas opiniões
Com base nos próprios interesses.
Assim, é natural que
Os países que não concordam com essas opiniões
Apresentem contra-argumentos ou críticas,
A partir de seus interesses.
Às vezes, não é possível acertar as diferenças.
No entanto, na maioria dos casos,
Um país com grande poder

• Mensagem a você 1 •

Assume o papel de líder
E passa a guiar o mundo.
A nação mais forte ou mais hegemônica na época
Definirá o que é a justiça
E aplicará isso ao mundo inteiro.
Na era moderna, temos a ONU,
Que decide o que é a justiça
Com base nas opiniões ou no consenso
De uma maioria internacional.

Embora o Japão tenha alcançado uma posição
Que lhe permitiria assumir a liderança do mundo,
Fico triste por ele ter se mostrado incapaz
De fazer bons julgamentos
E de promover bons valores no mundo.

• MENSAGEM A VOCÊ 1 •

Se o Japão não tem nada a dizer ao mundo,
Então, sinto-me muito envergonhado.
Temos de pensar da seguinte maneira:
Uma nação deve primeiro definir com clareza
O que é a justiça para o seu próprio povo.
Depois, se essa definição de justiça
Entrar em conflito com as ideias de outro país,
As pessoas devem dar passos concretos
Para tentar resolver tais diferenças.
No final, cada nação deve ter seus aliados,
Com quem deve trocar opiniões
E decidir o que é a justiça em escala global.

Trecho da palestra *O que é a justiça global?*

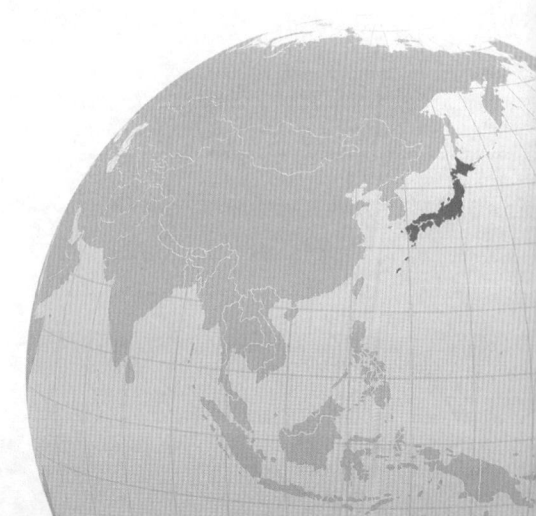

Capítulo 1

Deus não está em silêncio

~ A Verdade que transcende a justiça acadêmica ~

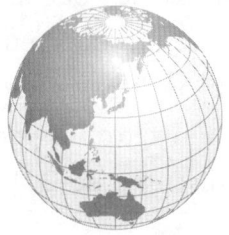

1
Um problema educacional dos países desenvolvidos

Em 2014, publiquei *As Leis da Perseverança* e em 2015, *As Leis da Sabedoria* (ver Figura 1), que fazem parte da nossa série sobre Leis. Nesses dois anos, o Japão e o mundo, assim como a Happy Science, viveram realmente uma experiência de perseverança. Mas aqueles que aspiram fazer um grande trabalho sempre enfrentam tempos difíceis. Se você analisar a história do mundo, verá que o mesmo ocorreu em todas as eras e em todos os lugares.

Nesse período, um fato em particular ficou marcado para mim: o discurso de 2014 da vencedora do

Figura 1.

As Leis da Perseverança, Ryuho Okawa (IRH Press do Brasil, 2014).

As Leis da Sabedoria, Ryuho Okawa (IRH Press do Brasil, 2015).

Nobel da Paz, Malala Yousafzai, uma garota muçulmana de 17 anos de idade. Nos países islâmicos, os extremistas destruíram cerca de 400 escolas, dizendo que era imperdoável as meninas irem para a escola de ônibus sem cobrir o rosto, e que elas deveriam viver da maneira conservadora, seguindo os preceitos tradicionais do islã. Foi por isso que ela, em seu discurso na cerimônia de premiação do Nobel, declarou: "Por que dar armas é tão fácil e dar livros tão difícil? Por que fazer tanques é tão fácil e construir escolas tão difícil?"

Como vemos, algumas pessoas de certas religiões batalham muito para garantir seu direito a uma educação mais liberal e ter a liberdade de escolher sua profissão. São conquistas extremamente necessárias para tornar as coisas melhores. Já em países desenvolvidos, como o Japão e os Estados Unidos, a questão fundamental que está sendo levantada é: será que o direito de receber educação é o ideal?

Em muitos países, a "fórmula da felicidade" é romper com a religião, ter acesso à educação, adquirir competências, abraçar uma profissão e ser bem-sucedido na sociedade. Essa é a vida de "fé" para essas pessoas. Mas em países já desenvolvidos, a realidade é que Deus está sendo eliminado e a religião está sendo excluída da educação, sob o pretexto de tornar a educação "acadêmica".

2
Os conflitos entre o estudo acadêmico e a fé nas universidades americanas

Um filme sobre a discussão da fé na universidade

Recentemente, em 2014, foi lançado um filme americano intitulado *God's Not Dead* (passado no Brasil com o nome "Deus não está morto"). Ele também foi exibido no Japão, embora com menor divulgação. Seu título em japonês era *Kami wa Shinda noka?* ("Deus está morto?"), o que mudou um pouco o sentido, trazendo à memória as palavras de Nietzsche: "Deus está morto".

O filme é sobre um universitário americano que, numa aula de filosofia, é intimado a assinar uma declaração que dizia "Deus está morto". Se ele não fizesse isso, a aula não prosseguiria. Ao que parece, a história se baseia em ações legais reais, movidas por alunos de universidades americanas que sofreram assédio devido à sua fé.

Na história, o professor pede que todos os seus 80 alunos escrevam "Deus está morto" e assinem a declaração no início da aula. Todos assinam, exceto um dos estudantes, que diz não poder fazê-lo por ser cristão. O professor argumenta que não está pedindo que ele renegue sua fé, que ele pode praticá-la na igreja ou em casa, mas que não deve trazê-la para seu curso de filosofia na universidade.

Citando nomes famosos, o professor declara que vários intelectuais de prestígio são ou foram ateus. Diz ainda que sua matéria parte do pressuposto de que Deus está morto e que, desse ponto de vista agnóstico, ele iria discutir o conhecimento que esses intelectuais haviam alcançado. Portanto, sugere que não se perca tempo debatendo a existência ou não de um ser sobrenatural.

O professor, então, propõe uma barganha com o estudante. Ele diz: "Se você não consegue admitir que Deus está morto para os propósitos deste curso, então precisa defender a antítese de que Deus não está morto. Se não conseguir, perderá 30% de sua nota final". E, sabendo que o aluno queria muito ser admitido na Faculdade de Direito, adverte-o de que seria bom que ele mudasse de ideia.

A namorada do estudante fica brava com ele e diz: "Não seja ridículo. Eu estou aqui frequentando essa escola, minha terceira opção, pensando nos próximos cinquenta anos de nossa vida. Se você quer entrar na Faculdade de Direito, não pode se dar ao luxo de ser reprovado nessa matéria. Assine logo esse papel estúpido e toque a vida em frente". Mas o estudante decide enfrentar o professor, e rompe o relacionamento com a moça.

É nessas circunstâncias que ele trava um acirrado debate com o professor. A certa altura da discussão, o professor cita um trecho de um livro do professor Hawking, que explica o sentido da expressão "Deus está morto". O estudante, então, rebate dizendo que no mesmo livro, na página 5, Hawking afirma que a filosofia também está morta. E confronta o professor: "Se o senhor está tão certo da infalibilidade do professor Hawking, então tem de aceitar também como verdadeiro que a filosofia está morta, e nesse caso não há mais necessidade desta sua aula". Esse é o enredo do filme.

Na verdade, nós na Happy Science experimentamos algo similar em 2014, quando pedimos ao governo que reconhecesse oficialmente o estabelecimento da Universidade Happy Science. No filme, pede-se que o aluno encubra sua fé a fim de poder concluir seu curso, obter boas notas, seguir adiante, ingressar na Faculdade de Direito e arrumar um bom emprego. Nós fomos colocados na mesma situação que o estudante; sentimos que o que nos era pedido era "declarar e assinar que Deus está morto". De fato, o Ministério da Educação, Cultura, Esportes, Ciência e Tecnologia do Japão não deu reconhecimento à Universidade Happy Science com a seguinte alegação: "Uma universidade só pode ser reconhecida se adotar um currículo que se enquadre nos padrões acadêmicos atuais. Portanto, não podemos aprovar um currículo que se baseie nas mensagens espirituais que o senhor recebe atualmente do Céu ou dos espíritos superiores, pois isso não constitui estudo acadêmico". A meu ver, ocorreu praticamente a mesma situação mostrada nesse filme[1].

O personagem principal do filme provou a existência de Deus com base na Bíblia

No filme *Deus não está morto*, o estudante decide lutar sozinho na universidade. Sua igreja também acaba se envolvendo e, no final, aqueles que têm fé se juntam e declaram que Deus não está morto. Na aula de filosofia, ao término de um debate, quase todos os 80 estudantes afirmam que Deus não está morto. O estudante vence o debate com o professor e a aula perde sua razão de ser.

No início do filme, quando o estudante se matricula para aquela matéria, um funcionário da universidade sugere que ele escolha outro mentor, e recomenda dois outros professores. Ao ver que o estudante usa uma

---
[1] Posteriormente, em abril de 2015, foi fundada uma instituição educacional particular completa, a Universidade Happy Science.

cruz, o funcionário adverte: "Você está indo para o Coliseu romano enfrentar os leões. É o seu funeral. Acho que você não devia se matricular nesse curso". Mas o estudante diz que ela não pode ser assim tão ruim e decide matricular-se. O resultado é que ele acaba tendo de provar a existência de Deus usando a Bíblia.

Algumas universidades de fato não aprovam debates filosóficos ou científicos com base na Bíblia. Até mesmo os Estados Unidos adotaram esse tipo de restrição. Além disso, o filme retrata outras situações, como a de um estudante ateu da China que é influenciado e começa a acreditar em Deus, e a de uma mulher muçulmana que passa a ter fé no Deus cristão.

3
Somente Deus pode dizer: "Este é o único caminho"

A já citada Malala[2] afirmou que as pessoas precisam criar uma sociedade onde a mulher seja livre da maldição da religião e tenha o mesmo direito à educação

---

2. Malala fugiu do Paquistão, sua terra natal, e buscou asilo político na Grã-Bretanha depois de ter sido baleada no rosto por extremistas do Talibã em 2012.

que os homens. Disse também que esperava se tornar primeira-ministra do Paquistão no futuro e que desejava voltar para casa nas próximas férias de verão. Mas os extremistas do Talibã prometeram assassiná-la se ela retornasse ao seu país. Trata-se de um conflito terrível e de uma situação verdadeiramente caótica.

Na realidade, neste planeta não há nada que exista como ideal perfeito; tudo tem aspectos completos e incompletos. É num mundo assim que vivemos.

Recentemente, houve eleições gerais no Japão e um dos políticos lançou o seguinte slogan: "Este é o único caminho[3]", e obteve uma grande vitória. Na verdade, tratava-se de uma tática política.

No entanto, apenas Deus pode afirmar: "Este é o único caminho". As pessoas que fazem comentários desse tipo estão sendo muito arrogantes. O que podemos fazer como seres humanos é escolher um caminho que acreditamos ser o melhor dentre várias opções. Se Deus indica um caminho diferente daquele escolhido pelos humanos, então a declaração "Este é o único caminho" mostra-se equivocada.

---

3. Nas 47as eleições gerais dos membros da Câmara dos Representantes do Japão, em 2014, o líder do Partido Liberal Democrático, Shinzo Abe, defendeu o slogan: "Este é o único caminho para a recuperação econômica".

4
As vozes de Deus estão se manifestando agora

O trabalho missionário da Happy Science começou com um pequeno grão de trigo

Nos últimos anos, a Happy Science enfrentou dois grandes problemas: um relativo à educação, quando tivemos de provar o que é o ensino acadêmico e também o que é uma universidade, no sentido verdadeiro; e outro relativo à política, quanto fomos testados para ver se a religião e a fé podem abrir caminho no terreno político. Essas questões estão longe de terem sido resolvidas.

No entanto, ouso dizer que tudo começa com um pequeno grão de trigo. Foi, aliás, o que aconteceu comigo. Começou com um pequeno grão de trigo. Nossa religião teve início a partir de uma única revelação que recebi do Céu. Alcancei a iluminação, despertei para a Verdade e dominei-a. Então, passei a ensiná-la a outras pessoas, e aqueles que acreditaram nela começaram a divulgar meus ensinamentos. Foi assim que a Happy Science se tornou a grande organização religiosa que somos hoje.

Se deixarmos um grão de trigo em cima da mesa ele continuará sendo apenas um grão de trigo, não importa quantos anos transcorram. Mesmo que fosse deixado ao ar livre, em cima de uma pedra, logo iria morrer. Se deixado em cima de terra árida, daria poucos frutos. Mas um grão plantado em solo fértil dará cem, duzentas, trezentas vezes mais frutos.

Essa é a verdadeira natureza do trabalho missionário. O trabalho missionário é o esforço daqueles que acreditam carregar a semente da Verdade e dão a vida para cultivar o maior número possível de frutos dentro das circunstâncias.

Pode haver épocas em que, infelizmente, as sementes caem em cima de uma pedra ou então definham sob o calor da luz do sol. Ou caem em terra árida e dura, desprovida de umidade. Por mais que tentem espalhar suas raízes, estas irão definhar e a semente acabará não gerando nenhum fruto.

Mesmo assim, acredito que existam entre meus seguidores os que são capazes de espalhar as sementes da Verdade para cem, duzentas ou até trezentas pessoas.

• As leis da justiça •

Jesus foi a única pessoa que ouviu a voz de Deus na sua época

Na época do Antigo Testamento, o profeta era o único que ouvia a voz de Deus. Ele ouvia a voz de Deus e transmitia Suas palavras às pessoas, e aqueles que acreditavam divulgavam aquelas mensagens – foi assim que os ensinamentos de Deus foram transmitidos até o presente momento.

O mesmo ocorreu na época de Jesus. Ele foi a única pessoa que ouviu a voz de Deus. Jesus sempre declarou que ouvia a revelação e que Deus falava por meio dele. E ensinou que as pessoas iriam conhecer a obra do Pai ao verem sua própria obra. Os discípulos não conseguiam fazer exatamente as mesmas coisas que Jesus fazia. Portanto, Deus falou apenas por meio de Jesus. Depois, entre aqueles que ouviam suas palavras, os que acreditaram nelas difundiram seus ensinamentos para o mundo.

Conta-se que Jesus nasceu na atual Palestina ou Israel, região conturbada do Oriente Médio que abriga todo tipo de problema. Esses ensinamentos de alguém nascido em uma região em meio a conflitos e guerra, que ainda persistem depois de 2 mil anos, difundiram-se para a Europa, para as Américas e até mesmo para o Japão. Os ensinamentos floresceram em algumas áreas, em outras não. Mas é uma verdade inegável que aqueles que acreditaram naqueles ensinamentos trataram de divulgá-los por meio de seu trabalho missionário, aumentando o número de crentes para 1 bilhão e depois para 2 bilhões.

5
Transcender os limites acadêmicos com a Verdade

O senso comum deste mundo está distante das Verdades de Deus

Eu também estou plantando as sementes da Verdade todos os dias. O ano de 2016 marca o 30º ano da fundação oficial da Happy Science, ocorrida em 1986, e o 35º ano desde que alcancei a Grande Iluminação, em 1981. Sem dúvida, a pequena semente se difundiu e continua a se espalhar para um grande número de pessoas pelo Japão e pelo mundo.

Mesmo assim, como você deve supor, ainda não se espalhou o suficiente. Isso porque aquilo que é aceito como "senso comum" neste início do século XXI está bem afastado da Verdade de Deus.

Quando se trata da educação, sobretudo do ensino superior, está virando norma que questões religiosas como a fé, Deus e a Verdade sejam excluídas, e que tudo o que não se encaixa sob o nome de ciência não deve ser ensinado. Esse tipo de pensamento pode ser uma bênção para as jovens muçulmanas aterrorizadas pelo Talibã. Se elas pudessem fugir de um mundo no qual têm de cobrir o rosto e sentir-se em pânico quando estão estudando, certamente iriam acolher esse pensamento como uma bênção. No entanto, acredito que excluir a fé da educação também resulta na perda de algo muito importante.

Na política de hoje, a partir da invenção de várias técnicas e princípios políticos, as pessoas são capazes de tomar decisões por si mesmas, como se vivessem em uma era sem Deus. Isso pode conter alguma sabedoria. Houve épocas em que os reis governavam em nome de Deus, e é fato também que houve reis cruéis que causaram sofrimento a muitas pessoas. Historicamente, talvez tenha havido mais reis perversos do que bons. Foi para evitar essa infelicidade que se estabeleceu um sistema chamado "democracia". No entanto, devemos dar atenção à situação que já está despontando: o uso de ideias humanas tende a nos levar a destruir não só o mundo que Deus criou como a própria Verdade por Ele criada – as regras do universo. No século XVIII, conhecido como a era do Iluminismo, Deus e muitas de suas personificações foram "assassinados", literalmente ou na filosofia. Isso foi o resultado de tendências iniciadas com a moderna ciência política.

Os humanos na Terra não são capazes de produzir uma sabedoria verdadeira, que permita discernir o bem do mal. Ao contrário, são necessárias centenas de anos ou mesmo mais de mil anos para que consigam entender a Verdade. Por essa razão, alguns podem pensar: "É melhor não falar sobre a Verdade, pois assim eu posso evitar ser mal-interpretado pelas pessoas que vivem nesta era moderna. É melhor deixar a Verdade de lado, escondê-la e simplesmente sorrir, e ficar bem com os outros". Entendo que cada vez haja mais pessoas pensando que o jeito mais inteligente de viver é esconder a Verdade de Deus, sua fé e suas convicções religiosas e buscar simplesmente o sucesso na carreira e se harmonizar com este mundo.

No entanto, isso é triste. Imensamente triste.

Como foi que nós, humanos, passamos a existir? Por que nascemos? Por que vivemos? Por que os humanos têm uma história tão longa, tão contínua? Qual a razão da nossa existência? Se os acadêmicos não conseguem responder a essas questões e seu objetivo final é viver algumas décadas de uma vida bem-sucedida neste mundo, então sem dúvida precisamos ir além dos limites acadêmicos. Eu acredito nisso.

A Verdade tem de ser forte

A Verdade não é determinada pelo número de pessoas nesta Terra, ou seja, pelo número de pessoas que concordam, apoiam ou aprovam determinadas coisas. A Verdade já foi decidida no Céu. A questão é se as pessoas na Terra são capazes de aceitá-la.

Neste mundo, há momentos em que mais de 1 bilhão de pessoas estão sob o domínio de um único demônio. Há até casos em que um grupo de estudantes sem poder se ergue para defender uma nação controlada por esse demônio[4]. Como resultado, sua luta pela liberdade é esmagada e posta de lado porque não há como vencer o poder de coerção de uma violência organizada e sistematizada.

No entanto, o fato de eles terem lutado não é inútil. Acredito que sua luta se torna um ato histórico,

---

4. O autor refere-se à Revolução dos Guarda-Chuvas, protesto dos estudantes em defesa da democracia, ocorrido em Hong Kong em 2014. (N. do E.)

que traz o demônio à luz e deixa muitas lições para outros países.

A Verdade tem de ser forte. Neste mundo, as pessoas de fé e as que acreditam em uma religião são com frequência consideradas fracas, inclinadas a se agarrar a qualquer coisa. São vistas por alguns como incapazes de pensar de modo racional ou lógico ou de pensar de modo científico – pessoas com baixa capacidade intelectual, ignorantes e analfabetas, que precisam ser guiadas por quem tenha um "adequado" conhecimento acadêmico. Mas nessa era moderna, aqueles que procuraram a Verdade de Deus e que a entenderam têm de ser fortes.

A Happy Science também se envolveu com política há seis anos. Mas nossas atividades ainda precisam dar frutos. Vou repetir isso a você: existe apenas um princípio. Será que a pequena semente irá se multiplicar em cem, duzentas e trezentas sementes? Será que irá aumentar em número? É isso o que determina se uma religião será bem-sucedida em seu trabalho missionário e o quanto irá crescer.

O mesmo vale para outras áreas. Na política, o objetivo é aumentar o número de pessoas que transmitem a Verdade de Deus para cem, duzentas e trezentas. Isso levará à manifestação da Verdade de Deus na Terra.

O mesmo se aplica à educação. Aqueles que acreditam na Verdade não devem ficar no ostracismo. Ao contrário, devem buscar grandes realizações acadêmicas usando a Verdade, e iluminar os demais dessa forma. Devemos dar um forte impulso a esses experimentos em nossa civilização. Acredito que mostrar esse caminho às pessoas é o certo.

Deus está vivo

Essa era do iluminismo foi tão longe que alguns acreditam que sabem tudo, como se eles mesmos fossem deuses. Falando francamente, sinto que alguns dos acadêmicos que são vistos como "gênios" fazem declarações com a intenção de indicar que se tornaram deuses, e já nem precisam mais afirmar que Deus está morto. Acreditam que são deuses em suas respectivas áreas e, portanto, proclamam que não têm necessidade de Dele.

No entanto, há uma grande arrogância nesse modo de pensar. O pecado da arrogância é que ela estanca o progresso. Sempre há um território desconhecido que se estende muito além. Se essas pessoas não reconhecem isso e, ao contrário, imaginam que se tornaram os maiores deuses em seus respectivos campos acadêmicos ou políticos, elas estão num beco sem saída.

Os humanos têm de ser humildes. O futuro só se abre à nossa frente quando somos humildes.

Deus não está morto.
Deus está vivo.
Deus de fato mantém silêncio,
Mas Deus está vivo
E Deus ama todas as pessoas do mundo.
Eu penso assim.
Obrigado.

Mensagem a você ②

PENSE NO AMOR E NA JUSTIÇA DO PONTO DE VISTA DA SABEDORIA

O amor é essencial
E amar o outro é verdadeiramente maravilhoso.
Amar o próximo é uma tarefa bastante difícil,
Mas é muito importante e,
Historicamente falando,
Trata-se de uma ordem dada por Deus.
Também achamos
Que a justiça é igualmente crucial.
Existem cerca de duzentos países no mundo,
E há muitos conflitos entre eles.
Às vezes esses conflitos levam à guerra.
Nessas horas,
Decidir se a guerra é certa ou errada

É algo que tem de ser feito
A partir da perspectiva universal.
É quando precisamos da justiça.
Falando em termos essenciais,
O amor é importante,
Mas é preciso ter sabedoria para avaliar
Que tipo de amor você deve dar às outras pessoas.
Se há muitos eventos maléficos
Ocorrendo devido à influência de maus espíritos,
Então esses atos devem ser detidos.
Interromper atos maus é algo bom.
Isso é justiça.

• Mensagem a você 2 •

Estamos em busca da sabedoria.
Temos de pensar no amor
Do ponto de vista da sabedoria.
Precisamos de sabedoria,
Especialmente nas relações entre dois países.
No entanto, este é um desafio incrível.
Cada país tem seus problemas
E suas próprias razões,
Então fica muito difícil.
Apesar disso,
Devemos procurar o que é certo
E devemos estabelecer a justiça
Usando a força da sabedoria.
Precisamos pensar no que é o amor
Neste contexto.
"O amor por muitas pessoas"
E "o amor no nível pessoal"
São um pouco diferentes um do outro.
Não, eles são muito diferentes.

Se um país é destruído por falta de sabedoria,
Então isso não é amor.
Se um país com más intenções invade outros países
Devido à falta de sabedoria
E muitas pessoas sofrem por causa dessa invasão,
Então isso é mau.
Nessas horas,
A ONU ou outros grandes poderes
Devem pôr um fim a esses feitos maléficos.
Isso é justiça.
Em geral pensamos no amor como algo pessoal,
Mas quando se trata de política internacional,
Devemos procurar a justiça em termos de sabedoria,
Para tentar resolver conflitos entre países
Ou em áreas onde há guerras civis.

Trecho do livro *Power to the Future* ("Poder para o Futuro"), capítulo dois: "Love and Justice" ("Amor e Justiça").

Capítulo 2

O conflito entre religião e materialismo

~ Quem concebeu a alma humana? ~

1
Os recorrentes desastres naturais na Terra

Algum tempo atrás, estava programado em minha agenda que eu deveria dar uma palestra na Tailândia, em 10 de novembro de 2013. Mas ela foi cancelada porque, no mês anterior, um tufão havia causado uma grande inundação, e estava prevista a passagem de outro grande tufão nas Filipinas e no Vietnã. A trajetória final do supertufão foi bastante incomum, considerando-se fatores como a rotação da Terra e as condições atmosféricas sazonais. Se tivesse seguido o padrão usual, o tufão teria ido diretamente para oeste, a partir das Filipinas, desembarcando no Vietnã e depois na Tailândia, e atingindo em cheio a área onde estava agendada minha palestra. Mas o tufão fez um desvio de 90 graus para a direita e se dirigiu para a China.

Nos últimos tempos, parece haver muitas inundações, e várias áreas do globo sofrem cada vez mais com os estragos causados por tempestades de chuva e ventos fortíssimos. A impressão é de que os desastres naturais estão ocorrendo em paralelo com várias "flutuações" de nossas sociedades.

• O CONFLITO ENTRE RELIGIÃO E MATERIALISMO •

Fazendo uma leve digressão, houve também um terremoto em Tóquio na manhã do dia em que dei essa palestra[1]. O edifício começou a tremer enquanto eu estava no banho, e por um momento cheguei a pensar em sair correndo totalmente nu, mas fiquei com receio de que isso pudesse ser muito embaraçoso. Então, decidi aguardar um pouco, e o terremoto passou.

Eventos como tufões, terremotos e erupções vulcânicas são interligados, e tenho a impressão de que algo desagradável está à nossa espreita.

2
Buscar pôr fim aos conflitos religiosos

Cada pessoa reage de modo diferente aos conflitos religiosos

O verdadeiro oponente com o qual a Happy Science está lutando é o materialismo que se espalhou pelo mundo. O materialismo é um problema gravíssimo e, se não fizermos nada a respeito, seus defensores con-

---
1. Este capítulo é a transcrição de uma palestra.

tinuarão a se multiplicar. Se olharmos para o atual sistema educacional e para as tendências de emprego, veremos que estamos nos encaminhando para um aumento no número de materialistas. Portanto, é preciso lutar contra isso.

Um exemplo característico é o do biólogo Richard Dawkins, famoso autor do livro *O Gene Egoísta*[2]. Em 2001, os Estados Unidos foram abalados pelo incidente de 11 de setembro, quando terroristas do grupo islâmico Al Qaeda lançaram aviões de passageiros contra o World Trade Center. Logo depois do atentado, Dawkins escreveu um livro chamado *Deus, um Delírio*[3]. Quando viu o ataque terrorista, pensou: "Que grande alívio seria se a religião desaparecesse deste mundo" e, depois de fazer uma pesquisa básica sobre religião, escreveu ardorosamente sobre o quanto a religião estava equivocada. O livro virou *best-seller* nos Estados Unidos.

Na época, eu trabalhava no World Trade Center e, como alguém que passou sua fase de adulto jovem ali, senti muita tristeza com a imensa tragédia de 11 de setembro. Se o *timing* tivesse sido outro, eu também poderia ter morrido sob os escombros. O World Trade

---

2. *The Selfish Gene* (1976) no original. A tradução foi lançada no Brasil pela Editora Companhia das Letras em 2007.

3. *The God Delusion* (2006) no original. A tradução foi lançada no Brasil também pela Editora Companhia das Letras em 2007.

Center foi projetado originalmente para durar duzentos anos, portanto uma locação de dois séculos foi destruída. Muitos dos inquilinos também pretendiam ficar ali por esse período todo. No entanto, como os aluguéis eram altos, muitos deles se mudaram. A empresa para a qual eu trabalhava também se mudou para outra área do centro e não sofreu nenhum dano.

Ao contrário do biólogo americano que disse estar farto da religião, eu, ao observar esse mesmo incidente, pensei: "É exatamente por isso que uma nova religião se faz necessária".

O conflito religioso nesse caso foi entre o cristianismo e o islamismo. Pelo fato de terem sido fundadas há muito tempo e em lugares diferentes, as ideias e os sistemas de crenças dessas religiões diferem muito. Essas diferenças foram transmitidas sem alterações até os dias de hoje, uma era de intensas trocas e interações culturais. É por isso que essas incoerências agora se tornaram as raízes do conflito, despertando ódio e choques entre as duas religiões.

Isso me fez pensar: "Essa é a hora de esclarecer as intenções do Céu e de introduzir inovações nas religiões. Chegou o momento em que uma nova religião se faz necessária". Ou seja, o mesmo evento desastroso pode produzir reações diferentes conforme o indivíduo.

A Happy Science está tentando livrar este mundo de vários conflitos

As pessoas que odeiam religião costumam achar que as religiões são a causa de muitas guerras. Na realidade, porém, as guerras ocorrem devido a essa maneira estreita de pensar que os humanos construíram ao longo do tempo, e também porque as religiões foram incapazes de rever seus ensinamentos originais. As pessoas que seguem os ensinamentos originais por longo tempo não conseguem acompanhar as mudanças na sociedade, então entram com frequência em choque com as outras, como fazem os fundamentalistas. Quando uma nova ramificação religiosa ou seita é fundada, surgem incoerências entre a religião original e a nova. Por isso, a Happy Science está agora desenvolvendo várias atividades para tentar de algum modo superar esses conflitos religiosos.

Quando se trata das religiões do passado, para ser totalmente honesto, depois de 2 mil anos, ou de 2.500 anos, ou mesmo de mais de 3 mil anos, vemos que boa parte de seu conteúdo não se aplica mais ao mundo de hoje. É por isso que estamos tentando rever esses pontos. Mas essa não é uma questão simples; é preciso muita autoridade para isso. Mesmo assim, a Happy Science está agora assumindo esse desafio.

A ciência teve um rápido desenvolvimento nos dois ou três últimos séculos. Por favor, note que não estamos negando a ciência. Para nós, religião e ciência não são antagônicas. Nas antigas religiões, há muitos aspectos que não são compatíveis com a ciência moderna, mas nossa atitude é a seguinte: "Nesse caso, vamos ensinar a ciência do futuro. Desse modo, religião e ciência não estarão mais em conflito". Em outras palavras, acreditamos que é possível eliminar incoerências entre religião e ciência e juntar forças, ensinando como deverá ser a ciência do futuro.

Assim, estamos almejando fundir coisas que se chocam por sua heterogeneidade e introduzir inovação naquilo que ficou desatualizado e se mostra incompatível com a vida moderna. Estamos pensando também em "como as coisas deveriam ser agora", olhando a partir do futuro que imaginamos ser o ideal. A Happy Science, portanto, age no sentido de livrar este mundo de várias incoerências, confusões e mal-entendidos, e de reduzir o ódio e o conflito.

A educação atual não dá ensinamentos sobre o que é invisível

Hoje em dia, a maior parte da educação é voltada para incentivar a formação de cientistas, e quase metade das pessoas da área da educação tem formação em ciências. Quem tem formação científica geralmente lida com as coisas deste mundo – por exemplo, materiais e substâncias físicas. Quando as pessoas passam muitos anos investigando coisas que podem ser vistas a olho nu, às vezes deixam de entender o invisível. Isso ocorre simplesmente porque elas não estudaram nada sobre o mundo invisível, ou porque ninguém lhes ensinou nada a respeito.

Acredito que investigar coisas materiais tenha sua importância. Por exemplo, um projetista de aviões irá dedicar tempo e esforço para conceber um tipo ideal de fuselagem e levará em conta uma série de aspectos, como os materiais a serem usados e a construção interna. É muito natural que ele proceda assim. Também é perfeitamente natural que alguém que constrói carros se concentre nos objetos físicos, na estrutura de um chassi e nos elementos que podem tornar um carro seguro e rápido ou proporcionar um bom design. Não tenho a intenção de rejeitar tudo isso.

No entanto, embora não haja problema algum em se dedicar a *objetos materiais*, devemos sempre lembrar que possuímos um *coração*, e que nos seus recessos mais profundos, temos uma *alma*. Ou seja, não devemos esquecer nossa natureza essencial como alma, e não devemos nos apegar em excesso às coisas deste mundo.

A Happy Science aprova a ideia de tornar este mundo mais prático, e com certeza incentivamos isso. Não temos o menor problema com trens-bala locomovendo-se em alta velocidade, ou com aviões a jato cruzando os céus. Não sentimos o menor incômodo com o fato de o mundo estar se tornando um lugar mais prático para se viver. Tampouco nos perturba a abundância de alimentos e achamos maravilhoso também que haja grande variedade de profissões. No entanto, ensinamos também a não permitir que isso nos faça perder de vista a importância do coração, ou a existência da alma, que é nossa verdadeira natureza.

A Happy Science está assumindo o desafio de promover uma revolução global

Embora seja definitivamente a favor do progresso científico, a Happy Science também está se empenhando de maneira intensa para provar que a alma existe, por meio da publicação de livros, inclusive lançando uma série sobre mensagens espirituais[4]. Embora a Verdade da alma seja simples, nunca antes na história da humanidade foi revelada uma coletânea de mensagens tão extensa como essa, procedente

---

4 Até o momento, foram publicados cerca de 600 livros de mensagens espirituais.

de uma diversidade de espíritos. Pensando em termos de "tudo ou nada", essas mensagens espirituais estão desafiando a humanidade a decidir se elas são verdadeiras ou falsas. Como as pessoas em geral não são capazes de confirmar que os espíritos existem, acabam não expressando sua opinião sobre o assunto e, em vez disso, mantêm-se em silêncio. Mas nossos esforços estão levando gradualmente as pessoas de todo o planeta a aceitar a existência do Mundo Espiritual sem que percebam isso.

Se você acha que as mensagens espirituais podem ser fruto de mera ficção, por favor, vá em frente e tente fazer isso. Certamente não será capaz. As mensagens dos espíritos são todas realizadas publicamente; portanto, temos provas. Não se trata de algo como pedir a duzentos membros de nossa equipe que pesquisem e escrevam cada um de nossos livros. Qualquer escritor com certeza compreende que seria irreal tentar fazer as coisas assim.

Recentemente, tem sido comum produzirmos um livro inteiro com base no registro de uma única mensagem espiritual gravada em um dia. Portanto, cada mensagem possui um peso razoável. Qualquer escritor sabe muito bem o quanto é difícil compilar o conteúdo de um livro inteiro a partir de uma única entrevista. E é isso o que estamos fazendo repetidamente agora, para fornecer uma prova. Este é o desafio da Happy Science e, em certo sentido, estamos tentando promover uma revolução global.

3
Corrigir os equívocos do budismo teravada

Os seguidores do budismo teravada[5] acreditam que Buda nunca irá renascer

Olhando para a situação atual do planeta, vemos que o mundo islâmico está começando a ser sacudido por ondas de liberalização, e que o mundo budista também está sofrendo leves abalos. Mesmo em países como a Índia, algumas notícias indicam que o número de adeptos do budismo moderno está aumentando, e não só na

---

5. Após a primeira grande cisão entre os praticantes do budismo, decorrente de divergências sobre a doutrina, estabeleceram-se duas escolas principais: o budismo teravada (hinaiana ou Pequeno Veículo; é a doutrina dos anciões, a escola mais antiga, cuja prática é bem próxima do budismo inicial e está voltada apenas para o autoaperfeiçoamento) e o budismo maaiana (ou Grande Veículo, que representa o caminho da busca da iluminação para o benefício de todos os seres). Esta última escola deu origem a várias outras ramificações.

Happy Science. Isso mostra que as ideias e ensinamentos budistas constituem a única maneira de romper com o sistema hindu de castas. Portanto, está surgindo uma grande demanda pelo budismo.

Países como o Sri Lanka e a Tailândia ainda seguem o budismo teravada, mas essa vertente também precisa com urgência de uma considerável reforma estrutural. É louvável notar que os ensinamentos originais de Buda foram fielmente transmitidos no budismo teravada, mas também restaram partes mal-interpretadas, que se consolidaram.

Colocado de maneira simples, o problema do budismo teravada é que, levado a extremos, ele defende que "Este mundo foi criado por demônios, portanto reencarnar na Terra nada mais é do que sofrimento. Então, o melhor a fazer é se iluminar e entrar no Nirvana; assim, você não vai mais precisar voltar a este mundo". Em outras palavras, ele ensina o seguinte: "Já que este mundo é governado por demônios, a forma mais elevada de iluminação é alcançar um estado no qual você não precise mais voltar para a Terra. O Buda entrou no Nirvana, então ele nunca mais voltará a este mundo".

Para mim é incrivelmente difícil ir a lugares onde esse tipo de fé se estabeleceu. Eu pretendo ir à Tailândia fazer uma palestra, mas 95% das pessoas ali acreditam firmemente que o Buda não reencarna, o que torna realmente difícil minha tarefa de lhes dar uma palestra. Além disso, também é difícil rejeitar essa crença inteiramente. O budismo teravada vem existindo desse modo há mais de 2 mil anos, e negá-lo pode agir no sentido de destruir totalmente essa cultura tradicional.

O Japão e a Tailândia estão promovendo relações de amizade como nações budistas, e da mesma forma estamos desenvolvendo laços econômicos. Além disso, cerca de dois terços do investimento externo na Tailândia provêm do Japão. Essas relações cordiais devem ser mantidas, então precisamos pensar até que ponto podemos perturbar sua cultura tradicional. Se dissermos de maneira direta: "O Buda reencarnou. O budismo teravada que vocês praticam está equivocado; portanto, abandonem essa crença", isso irá provocar alvoroço, e com razão. Assim, devemos ter muito cuidado com a maneira de expor a Verdade.

De qualquer modo, as traduções de meus livros sobre ensinamentos budistas estão atrasadas na Tailândia, então devemos criar uma boa base fazendo maior esforço para oferecer traduções para línguas como o tailandês[6].

---

6. Em setembro de 2015, foram publicadas as traduções para o tailandês de *The Laws of Great Enlightenment* (IRH Press Nova York, 2014), *The Rebirth of Buddha* (IRH Press Tóquio, 2009) e *A Essência de Buda* (IRH Press do Brasil, 2013).

Buda não negou a reencarnação

O Sri Lanka também é um país de budismo teravada. No entanto, quando fui lá fazer uma palestra, um grande número de monges compareceu para ouvir meus ensinamentos, embora tivéssemos aconselhado àqueles que não acreditavam no renascimento de Buda para não assistirem à palestra (ver Figura 2). Talvez isso tenha ocorrido pelo fato de o Sri Lanka ser muito próximo da Índia.

A Tailândia adota um sistema por meio do qual quase todos os meninos se tornam monges por alguns meses, então são muitas as pessoas que experimentam as práticas do budismo teravada. Durante esse tempo, os meninos levam uma vida de monges mendicantes, com

Figura 2.
Em 6 de novembro de 2011, o autor visitou o Sri Lanka e deu uma palestra em inglês intitulada "The Power of New Enlightenment"(O poder da nova iluminação). Cerca de 13 mil pessoas compareceram, das quais 90% eram budistas teravadas que não acreditavam na reencarnação de Buda. Mas ele lhes disse sem rodeios: "Os demônios negam a reencarnação de Buda; Ele é inimigo deles". Como resultado, cerca de 70% dos ouvintes (10 mil pessoas) tornaram-se membros da Happy Science.

a cabeça raspada e túnicas cor de laranja, e praticam os ensinamentos como se fossem apenas costumes, como: "Você não deve casar" e "Você não deve tocar em dinheiro com as mãos", mantendo o formato original de 2.500 anos atrás. Vistos por esse ponto de vista, os países ligados ao budismo maaiana, como o Japão, podem parecer extremamente corrompidos.

A esse respeito, sinto que de algum modo devo mudar a maneira que eles têm de pensar, que é muito convencional. Em todas as coisas, há elementos essenciais e elementos não essenciais, e não é bom ficar enfatizando pontos não essenciais, e tirando importância dos essenciais. É inútil eles se prenderem firmemente a coisas como modos de comportamento e preceitos menores, se os elementos essenciais não estão presentes.

Por exemplo, é muito problemático as pessoas acharem que voltar para o outro mundo após a morte e entrar no Nirvana equivale a não haver mais nada. Buda ensinou conceitos como "libertar-se do ciclo de reencarnação e entrar no Nirvana no Mundo Real". Traduzindo isso para algo mais fácil de compreender, ele estava na realidade dizendo que: "Essencialmente, este mundo é transitório, e o outro é que é o Mundo Real. Somos provenientes do Mundo Real e nascemos neste mundo transitório, que é a escola aonde viemos aprender. Mais tarde, voltaremos para o Mundo Real, depois de termos aprimorado nossa alma". Portanto, o que ele estava ensinando era simples: O outro mundo é o Mundo Real.

Assim, Buda não está afirmando que este nosso mundo não deve existir ou que a pessoa nunca mais deve nascer de novo aqui. Não é isso o que ele queria dizer, mas algumas pessoas se equivocam quanto a esse ponto. Na verdade, o conceito "O Mundo Espiritual é o Mundo Real" não significa que "Este mundo é governado por demônios" ou que "Este é um mundo no qual não queremos nascer". Mas, se as pessoas acreditam firmemente nisso, então estão equivocadas e precisam ser corrigidas em sua maneira de pensar. Estou ponderando neste momento de que modo poderíamos ensinar essa Verdade às pessoas.

O budismo maaiana ensina que o Iluminado voltará a este mundo para a obra de salvação

Então, por que algumas pessoas rejeitam tão firmemente a ideia de que o Buda possa voltar a este mundo? É algo que não consigo entender. Quem iria se beneficiar se o Buda não voltasse a este mundo? É isso o que eu gostaria de perguntar a elas.

• O CONFLITO ENTRE RELIGIÃO E MATERIALISMO •

Quem iria se beneficiar se o iluminado nunca mais voltasse a este mundo? Seriam as pessoas que se sentiriam prejudicadas ao ver o Buda fazendo suas pregações. Mas quem são essas pessoas?

Considerando que elas acreditam que este planeta é governado por demônios, não voltar mais para cá significaria a mesma coisa que prometer não interferir no mundo dos demônios de novo. Seria como assinar uma promessa de deixar o mundo dos demônios por conta própria depois de ter alcançado a iluminação. Mas há algo de estranho nesse tipo de iluminação. Significa iluminar-se, deixar esse mundo de vez e nunca mais se preocupar com o mundo dos demônios. Como um policial, por exemplo, que prometesse ficar longe de determinada casa, não importa quantas vezes fosse roubada. Há algo de errado nisso.

Podemos, então, concluir que deve ter havido algum tipo de má interpretação durante o processo de compilar os sutras budistas e difundir os ensinamentos. Além disso, essa interpretação equivocada se fundiu com o materialismo, tão forte nos tempos modernos. Em outras palavras, um número crescente de pessoas encara o materialismo como algo mais científico, e sente que é pouco científico acreditar na existência da alma, que acreditar ou ter fé é uma coisa que até provoca vergonha. Como vemos, o materialismo também está associado a essa ideia.

Portanto, apesar de 95% da população da Tailândia seguir o budismo teravada, precisamos de algum modo romper essa barreira. Aqueles que não querem que o Buda retorne a este mundo são controlados por demônios, porque realmente teriam problemas se Ele voltasse. Mas as pessoas precisam que aquele que traz ensinamentos volte a este mundo de vez em quando, a fim de salvá-las. Por outro lado, a vertente budista da Verdadeira Escola da Terra Pura ensina que o Iluminado não precisa mais voltar a este mundo para treinar sua alma, mas que voltará para a obra de salvação, por sentir misericórdia por todos os seres vivos. Isso talvez seja fruto de uma revisão feita pelo budismo maaiana, que acredito estar correta no geral.

É verdade que há muita impureza e sofrimento neste mundo. Mas você não deve apenas tentar se livrar disso; deve também tentar limpar este mundo impuro o quanto possível. Esta é uma tarefa importante. Ajudar muitas flores de lótus a florescer nas águas pantanosas é um trabalho de valor. Espero sinceramente que as pessoas compreendam que o Buda não abriu mão deste mundo.

4
Quem projetou a evolução?

Os cientistas pensam equivocadamente que a alma é na realidade o DNA

De um ponto de vista materialista ou científico, é possível desmascarar vários tipos de "erros" nas religiões do passado. Por exemplo, Richard Dawkins, o biólogo citado, fez acusações nesse sentido ao cristianismo nos livros que escreveu depois do atentado de 11 de setembro.

Ele sugere que um médico ou biólogo tente fornecer provas da ideia de que Jesus nasceu da Virgem Maria. Se Jesus fosse filho da Virgem Maria, então um teste de DNA deveria provar que ele tinha apenas genes transmitidos por uma mulher, e nenhum gene transmitido por homem. Ele também coloca algumas questões do tipo: "Você diz que Jesus ressuscitou mortos, mas será que um médico ou cientista aceita isso como fato científico?", ou então: "Que médico pode atestar que Jesus foi colocado em seu túmulo, ressuscitou três dias depois, mostrou seu rosto às pessoas, andou e fez uma refeição? Será que isso é possível? E será que você realmente acredita que depois de ressuscitar ele voou e desapareceu?"

É claro que com o tempo vários aspectos da história de Jesus foram interpretados em termos mais amplos, como míticos. Mas ainda acho que há um problema no modo como Dawkins concentra suas críticas apenas nesses aspectos.

Como opinião contrária, eu diria o seguinte: seria de fato muito difícil a essa altura do tempo verificar se Jesus tinha algum DNA de seu pai. Mas este homem, Richard Dawkins, diz que a alma é na realidade o DNA, ou seja, uma sucessão de cadeias que ressurge numa combinação entre um homem e uma mulher. Essa declaração me faz dizer: "Epa! Espere um pouco!" As pessoas começaram a falar em DNA no século XX, mas ele já existia mesmo antes que soubéssemos disso. Não há nenhuma fábrica dentro do útero da mãe, com mãos mágicas produzindo o bebê, nem qualquer tipo de programação de software para criar um projeto do bebê. Não sabemos por quê, mas o bebê é formado no útero. Esse é um mistério que não pode ser facilmente explicado.

Independentemente de você ter ou não conhecimentos sobre DNA, você não consegue explicar de que modo se estabeleceu há longo tempo um mecanismo por meio do qual os humanos se formam ou geram bebês. Há muitos aspectos como esse no argumento evolucionista, que as pessoas só conseguem explicar como ocorrências resultantes de uma série de acasos.

Todas as formas de vida deste mundo têm um propósito

Na verdade, se você observar as formas de vida deste planeta, descobrirá que existe um propósito para toda existência. Toda forma de vida tem vestígios de que foi criada com um propósito. A vida foi criada segundo algum tipo de projeto.

Então, quem concebeu o projeto? Quem tornou possível aos humanos se locomoverem e viverem desse modo, tendo por base um projeto? É possível explicar isso? Certamente não é algo que acontece acidentalmente pelo acúmulo de poeira ou pelo soprar dos ventos.

Existe um ponto de vista que afirma: "Massas de proteína formadas em um oceano primordial começaram a se mover e se tornaram seres humanos", mas essa é uma teoria aberrante demais para se acreditar nela. Sabe-se também que a Terra primordial era incrivelmente quente, derretida e que ardia a uma temperatura incrivelmente alta. Não há dúvida de que nosso planeta era muito quente, cheio de vulcões ativos e de lava derretida. Portanto, seria impossível que qualquer vestígio de vida resistisse em um local como esse. Mesmo considerando que meteoritos chegaram voando do espaço e trouxeram consigo minúsculas bactérias, que depois evoluíram, é impossível que tenham se desenvolvido até se transformar em seres humanos como somos hoje por pura obra do acaso.

Assim, não tenho nada contra as pessoas sentirem a necessidade de obter provas, mas mesmo que se admita que houve de fato alguma forma de evolução, a verdade é que essa evolução teve certo grau de propósito racional. É impossível negar a existência de um Ser que projetou e concebeu tudo isso. Portanto, acredito que é problemático negar por completo a vontade divina.

5
As religiões que ensinam sobre a morte servem ao interesse público

Definir a morte é muito difícil

O que dizer da ressurreição dos mortos, como está escrito na Bíblia? A questão é se isso deve ser aceito ou não, e na verdade hoje existem alguns médicos que aceitam o fato. Por exemplo, um professor da Universidade de Tóquio escreveu um livro no qual afirma que os seres humanos são almas, e até anunciou sua obra nos jornais. Além disso, alguns seres humanos podem voltar à vida; já foi confirmado que a determinação da morte feita por um médico não foi acertada. É extremamente difícil definir a morte. Não acho que todos têm de morrer num hospital para que os médicos possam determinar a morte, mas o nível de dificuldade na determinação da morte é maior que esse.

Eu ensino que, enquanto a alma e o corpo físico estiverem conectados por um cordão de prata, a pessoa ainda está viva e há a possibilidade de que volte a existir como antes. Essa visão era também transmitida na época de Platão, mas hoje ficou esquecida.

A ciência moderna ainda não consegue compreender sequer a construção humana básica, isto é, o modo como a alma e o corpo físico estão conectados. Portanto, há um problema em querer decidir tudo com base na ciência moderna. Não seria mais sensato ela se esforçar mais para esclarecer esse mecanismo que liga a alma ao corpo físico? Além disso, a psiquiatria está estagnada num estágio inicial, e precisa também ser aprimorada.

As instalações religiosas são locais para se comunicar com o Mundo Espiritual

As coisas podem parecer diferentes conforme o aspecto colocado em foco. Portanto, devemos considerar esse ponto com cuidado. Como mencionei, o que predomina hoje é o materialismo, da perspectiva científica, e do mesmo modo há uma visão bastante popularizada da corrente budista de pensamento segundo a qual "Nada resta quando o ser humano morre". Essa visão é conveniente para as necessidades das pessoas, já que, como ocorre no Japão, elas estão tendo dificuldades para construir túmulos familiares, devido ao aumento nos preços dos terrenos.

Hoje é cada vez maior, no Japão e em outros países, o número de pessoas que optam por um "sepultamento natural", espalhando as cinzas de seus mortos nas montanhas ou no mar, por acreditarem que não sobra mais nada depois da morte. Com certeza, é uma medida econômica, já que dispensa um túmulo. E, se elas creem que não há nada após a morte, isso faz sentido em termos financeiros, pois economizam algumas dezenas de milhares de dólares. Portanto, deste ponto de vista, é compreensível que as pessoas queiram acreditar nisso.

No entanto, a verdade é que o túmulo, embora no Ocidente e no Oriente assuma formas diferentes, funciona como uma espécie de "antena". Em outras palavras, as pessoas visitam um jazigo ou rezam diante de uma tabuleta budista e, quando se adota esse método de oferecer preces, o túmulo serve como uma espécie de intersecção, por meio da qual o coração da pessoa que reza pode entrar em sintonia com a alma da pessoa falecida que está no Céu ou no Inferno. Nesse sentido, o túmulo é importante.

As pessoas comuns não são médiuns, portanto raramente conseguem se comunicar com os mortos por vontade própria. Mas se o falecido já espera que a família em luto reze uma missa para ele, por exemplo, no aniversário de sua morte, e a família faz isso movida pelo desejo de prestar-lhe uma homenagem, reunindo todos em oração em algum lugar em particular, como ao lado do túmulo, então o coração delas entrará em sintonia. Seus sentimentos recíprocos se comunicarão como se todos estivessem conectados por telefone.

Na realidade, depois que as almas voltam ao outro mundo após a morte, ficam geralmente ocupadas com seu trabalho ali. Mas de vez em quando se lembram de seus descendentes e querem saber como estão levando a vida. Nessa hora, se tiverem oportunidade de encontrar os parentes que ainda estão vivos, por exemplo numa missa ou em outra cerimônia desse tipo, poderão relembrar com afeto essas pessoas. Realizando essas missas, os falecidos também podem preservar suas lembranças por várias décadas. Mas, quando as missas cessam, na maioria dos casos eles aos poucos se esquecem das coisas deste mundo. Por isso, é melhor que eles diponham de alguma forma de contato com este mundo enquanto sua família e seus amigos ainda estiverem vivos.

Os templos da Happy Science, como o Tokyo Shōshinkan ou nossos templos espalhados pelo mundo, assim como instalações religiosas como o nosso "Jardim da Felicidade no Próximo Mundo", são também locais adequados para estabelecer comunicação com o Mundo Espiritual (ver Figura 3). Portanto, são locais cheios

Figura 3.
O Tokyo Shōshinkan da Happy Science (à esquerda) e o Jardim da Felicidade no Próximo Mundo (à direita), dentro de uma das sedes da Happy Science, o Nasu Shōja, na província de Tochigi, Japão.

de sentido. A interação com o Mundo Espiritual ocorre de fato dentro deles. Nesse aspecto, a religião serve ao interesse público.

Muita gente não consegue aceitar, porém, que as coisas invisíveis possam ser benéficas para o público em geral. Neste mundo, se você comercializa celulares ou smartphones, venderá milhões ou bilhões de unidades num piscar de olhos, mas o mesmo não ocorre quando se trata de assuntos de importância fundamental para os seres humanos. São muitas as pessoas céticas ou que não creem na sua importância. Isso sem dúvida é muito triste.

A simples Verdade, que os intelectuais de hoje não compreendem

Em comparação com as pessoas de antigamente, as de hoje são mais espertas numa série de aspectos e talvez sejam até mais inteligentes. Não há dúvida de que o cérebro delas trabalha mais rápido, ou que elas possuem mais conhecimentos. Mesmo assim, é uma pena que vivam sem saber a Verdade simples e básica. A Verdade é muito simples. Em resumo: "Quando as pessoas morrem, voltam ao outro mundo e retomam sua vida enquanto almas. Embora o mundo após a morte seja o Mundo Real, as pessoas às vezes voltam para este mundo" ou "As pessoas passam por um treinamento aqui na Terra, depois se desvencilham de seu corpo físico e, após o funeral, voltam ao seu mundo original que é o Mundo Real. E as que vivem no Mundo Real estão observando as pessoas aqui na Terra".

Mesmo os indivíduos que, em termos mundanos, parecem ser inteligentes ou que conseguiram várias realizações ou conquistaram prêmios, não compreendem essa simples Verdade. Muitos intelectuais consideram que isso é apenas uma extensão do animismo do homem primitivo ou da adoração da natureza dos povos antigos. É por isso que estou provando agora que aquilo que eles consideram um "delírio" na realidade não é. Trata-se de uma batalha, e a Verdade nunca pode ser derrotada.

Há diversas religiões no mundo, e as pessoas que acreditam nelas são em número bem maior do que as descrentes. Mas as religiões também têm contradições. Embora as religiões antigas apresentem incoerências quando examinadas de um ponto de vista moderno, se déssemos explicações apropriadas e indicássemos as partes que poderiam ser revistas, tenho certeza de que as pessoas compreenderiam. Existem várias partes que é difícil concordar que devem ser seguidas, mas também é certo que algumas Verdades em comum deveriam ser preservadas.

6
Ter espírito de devoção ao sagrado

O mundo não pode ser salvo pelos computadores, como imaginou Bill Gates

Estou abordando assuntos variados. Fundamentalmente, a Happy Science está trabalhando para abrir o mundo para a liberdade, tanto no presente quanto para o futuro, mas fazendo tudo com base na Verdade. Há regras essenciais para que os seres humanos vivam de acordo com a Verdade, e estamos ajudando as pessoas a observarem essas regras, certificando-nos de que não tomem a direção errada. Na realidade, porém, há pessoas que escolheram o caminho errado e agora estão sofrendo no Inferno. Assim, gostaria que todos soubessem que, quanto ao seu destino depois da morte, não importa o quanto a pessoa tenha sido famosa, inteligente ou rica neste mundo; o importante é escolher o caminho correto.

Algum tempo atrás, li um artigo especial sobre Bill Gates em um jornal inglês. Ele já havia se aposentado da administração direta da Microsoft e estava trabalhando principalmente em sua fundação de caridade. Ele gasta por meio dela mais de 4 bilhões de dólares por ano em assistência médica, comida e vários tipos de infraestrutura em benefício de regiões atingidas pela pobreza na Ásia e na África. O fato de gastar mais de 4 bilhões de dólares significa que ele exerce mais influência do que a média das religiões. De qualquer modo, agora está usando o dinheiro que ganhou para custear sua fundação de caridade.

Bill Gates expressa sua opinião do seguinte modo: "Ainda há muitas pessoas que não perceberam que o simples acesso a um computador não irá salvar o mundo. A geração de jovens que vive no atual universo computadorizado acha que o planeta irá se desenvolver e prosperar por meio da conectividade digital, mas eles precisam saber que na realidade há muita gente que não pode ser salva pelo mero acesso a um computador. As pessoas que morrem de fome na África não podem ser salvas. As que morrem por falta de assistência médica não podem ser salvas. As que morrem de doenças como a pólio não podem ser salvas. E, a não ser que a água poluída seja limpa, as pessoas que contraem doenças intestinais ao consumirem água não potável tampouco podem ser salvas. Os computadores não conseguirão salvar essas pessoas". Essas foram suas palavras.

Embora os computadores pareçam estar muito disseminados na Índia, basta você andar 5 quilômetros para fora de qualquer cidade indiana e irá se ver em um mundo onde os computadores não têm nenhuma utilidade, num mundo de extrema escassez de bens e de muitas outras coisas. Em relação a isso, Bill Gates diz o seguinte: "Mark Zuckerberg, o criador do Facebook, afirma que o mundo irá se desenvolver e mudar muito quando cerca de 5 bilhões de pessoas estiverem conectadas à internet, mas não é esse o ponto. Zuckerberg diz esse tipo de coisa porque não viu a sociedade como ela é realmente".

Portanto, Bill Gates percebeu agora que há pessoas que não podem ser salvas exclusivamente pelos computadores. Nesse sentido, ele tem desenvolvido uma postura mental religiosa. Ele já havia sido criticado por Steve Jobs por não ter essa postura mental, mas hoje faz seu trabalho de caridade de maneira sincera. Ou seja, está tentando usar a imensa quantidade de dinheiro que acumulou para dar uma contribuição à sociedade. Portanto, a riqueza pode ser um poder para salvar o mundo, e não nego de forma alguma o seu valor.

Não devemos esquecer o espírito de procurar algo sublime

Fazendo uma retrospectiva, vemos que a Happy Science fez um considerável progresso na luta para difundir a Verdade nos últimos trinta anos. No entanto, ainda não conseguimos difundi-la em todos os cantos do Japão, e ainda não temos poder suficiente para salvar o mundo. Mesmo assim, podemos afirmar que as atividades da Happy Science estão agora começando a influenciar o mundo islâmico, o Vaticano e a materialista China.

A nova era está chegando. Ideias que eram tidas como reais e verdadeiras, mas que na realidade não passavam de miragens, estão desabando simultaneamente por todo o globo, e um novo mundo está prestes a surgir. É por isso que estamos agora fazendo vários esforços para mudar o planeta. Isso inclui batalhas em nosso trabalho principal de religião, no campo da política, no âmbito dos negócios e da economia, batalhas por meio de reformas educacionais, batalhas por meio das artes e batalhas por meio de várias outras atividades ao redor do mundo. Com certeza, estamos exercendo influência, mas ainda não temos poder suficiente.

No atual estágio da educação escolar e do treinamento vocacional, o número de materialistas tende a crescer. A razão é que as pessoas não têm conhecimento das Verdades espirituais e, mesmo que tenham, são incapazes de falar abertamente sobre religião e fé, e tendem a manter isso em segredo.

• O CONFLITO ENTRE RELIGIÃO E MATERIALISMO •

Existe uma série de quadrinhos japoneses chamada *Jovens Homens Santos*. Nela, Buda e Jesus são mostrados vivendo vidas normais, corriqueiras, em Tachikawa, Tóquio. No Japão, esses quadrinhos têm certa aceitação, mas os não japoneses consideram esse trabalho ofensivo. Apesar de os japoneses os acharem divertidos, minha vontade é de dizer: "Parem com este desrespeito". Num deles, por exemplo, crianças atiram elásticos de borracha sobre uma mecha de cabelo branco na testa de Buda e dizem: "Esse é o ponto fraco dele". Pouco conhecimento é melhor do que conhecimento nenhum, mas ainda assim esse quadrinho se excede. As pessoas precisam saber o quanto esse nível é baixo.

É preciso ter um espírito de devoção ao sagrado. As coisas invisíveis não podem ser observadas pelos microscópios usados em pesquisas, nem vistas por um telescópio, mas se as pessoas perderem a postura sagrada de tentarem imaginar o que está além daquilo que veem com os olhos, isso significa que perderam contato com sua dimensão sagrada enquanto seres humanos. Isso as coloca no mesmo nível de um animal, ou até no nível de uma máquina, que é bem inferior ao de um animal. É preciso manter o espírito de buscar o sublime a fim de resistir a esse rebaixamento.

Quero conduzir o mundo a um futuro brilhante e livre

A batalha contra o materialismo continua. Na China, as atividades religiosas ainda são mantidas sob supervisão, apesar da liberalização da sua economia. Mesmo assim, parece que o número de cristãos clandestinos aumentou para cerca de 100 milhões. Portanto, é bem provável que seu sistema político entre em colapso num futuro próximo.

Diante de tudo isso, eu realmente gostaria de disseminar a fé da Happy Science também na China. Quero *salvar* pessoas, não derrotá-las. A Coreia do Sul também permanece em ignorância espiritual, assim como a Coreia do Norte. Há ainda várias regiões autônomas sob o controle chinês, mas, com o advento da internet, em diversos pontos estão sendo revelados movimentos de emancipação.

A China continua a acusar o Japão de ter sido um mau país há mais de 70 anos, sendo que eles mesmos invadem e dominam outras regiões. De um ponto de vista global, não é justo eles condenarem o Japão e silenciarem a respeito do que eles mesmos fazem (ver Figura 4). Se os chineses quiserem falar mal das ações dos japoneses no passado, devem fazer isso depois de devolver os territórios que invadiram e de reconhecer-lhes a autonomia. Isso, sim, seria justo e lhes permitiria fazer essa crítica sem problemas. Mas ocultar seus atos e dizer: "o Japão agiu mal, mas nós, não" é uma atitude imperdoável como seres humanos.

Pretendo combater esse tipo de problema que está ocorrendo no presente. E definitivamente vou liderar o mundo para um futuro brilhante e livre. A palavra que Hitler mais odiava era "liberalismo". Não vou desistir dessa ideia. Isso significa que estou em oposição direta a ele. Esta sempre foi minha mensagem. Por favor, gostaria que você não me compreendesse mal.

Figura 4.
A Happy Science tem investigado o significado da luta do Exército Japonês na Segunda Guerra Mundial por meio de mensagens espirituais, leituras etc. Ver, por exemplo, livros como *The Truth about WWII: Justice Pal Speaks on the Tokyo Trials* ("A Verdade sobre a Segunda Guerra Mundial: O juiz Pal fala sobre os Julgamentos de Tóquio", Nova York: IRH Press, 2015) e *The Truth of the Pacific War: Soulful Messages from Hideki Tojo, Japan's Wartime Leader* ("A Verdade sobre a Guerra do Pacífico: Comoventes Mensagens de Hideki Tojo, líder militar japonês", Nova York: IRH Press, 2014).

Mensagem a você ③

AS SEIS GRANDES TENTAÇÕES
SÃO CRITÉRIOS PARA DETERMINAR
A JUSTIÇA NO NÍVEL PESSOAL

Para saber se uma pessoa está
Possuída por maus espíritos
Devem-se verificar
As Seis Grandes Tentações,
Que são a gana, a ira, a ignorância,
O orgulho, a desconfiança e a visão errônea.
Gana é alimentar um desejo desmedido.
É o que vemos naqueles que nos levam a pensar
"Que gananciosa é essa pessoa".
A ira se manifesta em geral por arroubos de fúria
Ou por ter um pavio curto.
A ignorância consiste em ser tolo.
É a "ignorância" a que Sócrates se referia.
Significa não ter nenhum conhecimento da Verdade.

O orgulho é ficar cheio de si e arrogante.
É quando a pessoa se vangloria:
"Eu sou importante".
A desconfiança significa ser excessivamente cético.
Alguns jornalistas, por exemplo, desconfiam de tudo.
De fato, até certo ponto,
A desconfiança existe como um método
Para descobrir a Verdade,
Mas em termos mais básicos,
Você não consegue desenvolver um
Relacionamento humano
Com alguém que desconfie de tudo.
As pessoas que se mostram céticas demais
Estão passando dos limites.

A visão errônea é
Ter uma fé totalmente equivocada
Ou ficar preso a um pensamento filosófico
Ou credo equivocados.
Dizer, por exemplo: "Marx é de fato um deus"
Sem hesitar nem sentir qualquer culpa.

Procure ter uma conversa mais profunda
Com a outra pessoa
E ver se ela apresenta
Alguma dessas Seis Grandes Tentações.
Se houver duas ou três delas
Que realmente se destaquem na pessoa,
De modo geral você estará certo em considerar
Que ela está possuída por maus espíritos.
Então, diga à pessoa, por exemplo:
"Você está equivocada em tais e tais pontos,
Portanto, pode estar possuída por maus espíritos".

Ou "Talvez fosse interessante você fazer
Um estudo da Verdade".
E "Se fizer isso, seu coração ficará mais relaxado
E os maus espíritos irão abandoná-la na mesma hora.
Você ficará alegre
E sentirá luz se espalhando dentro de você".
Isso também servirá como um conselho de vida.

Desse modo,
Você pode guiar a outra pessoa
Por meio de um conselho de vida
Verificando se ela abriga dentro de si
Alguma das Seis Grandes Tentações.
As Seis Grandes Tentações podem ser usadas
Como critérios da justiça no nível pessoal.

Trecho da seção de "Perguntas e Respostas" da
palestra *O Princípio da Justiça*

Capítulo 3

O progresso que começa com a retidão

~ A política e a economia vistas da perspectiva da justiça ~

1
Dois incidentes relacionados com o islã

Críticas severas em mensagens espirituais de Maomé, registradas após o atentado terrorista ao *Charlie Hebdo*, em Paris

Este capítulo, intitulado "O progresso que começa com a retidão", é um tema nada fácil. Ocorreram vários incidentes relacionados com o islã desde o início de 2015. Em 7 de janeiro de 2015, houve o ataque ao jornal francês *Charlie Hebdo*[1], em Paris. Maomé expressou sua opinião sobre o incidente em uma mensagem espiritual[2]. Suas observações foram tão severas que nossa equipe da Matriz Geral ficou chocada.

Eu sinto a perplexidade gerada por essa questão. Em particular, os japoneses que residem no Japão são incapazes de alinhar seu pensamento com posições que diferem muito das suas, porque vivem muito presos aos seus modos singulares e limitados. Esse é um aspecto difícil dos japoneses.

---

1. Extremistas muçulmanos atacaram o escritório do jornal satírico francês *Charlie Hebdo*, que havia publicado uma série de caricaturas controversas sobre Maomé. Doze pessoas foram mortas, inclusive dois policiais.

2. Esta mensagem espiritual foi registrada na Happy Science em 15 de janeiro de 2015 (ver *Mensagens Espirituais do Profeta Maomé Sobre o Atentado em Paris – Liberdade de Expressão* versus *Fé no Islã*).

Como devemos encarar a crise dos reféns japoneses com o Estado Islâmico?

Cerca de duas semanas após o incidente em Paris, ocorreu uma crise com reféns japoneses aprisionados pelo Estado Islâmico (EI). Essa organização capturou dois japoneses como reféns, e por meio de uma mensagem postada na internet pediu ao governo japonês um resgate de 200 milhões de dólares em 72 horas, caso contrário os dois seriam mortos[3]. Isso devastou completamente o governo japonês. Pretendo expor a questão de forma teórica, pois creio que seja importante organizar as ideias a seu respeito.

Em sua visita a quatro países do Oriente Médio, o primeiro-ministro Abe falou sobre o Estado Islâmico

A crise dos reféns foi um incidente extremamente imprevisível e difícil de entender. No geral, tive a impressão de que a mídia japonesa tratou o assunto quase da mesma forma como trataria um caso de sequestro dentro do país,

---

3. Os dois reféns, Haruna Yukawa e Kenji Goto, acabaram sendo mortos; porém mais tarde, em 2 de fevereiro de 2015, os espíritos dos dois vieram ao Templo Sagrado do Mestre da Happy Science comunicar seus sentimentos por meio de mensagens espirituais. Essas mensagens estão reproduzidas em *A Spiritual Interview with the Leader of ISIL Al-Baghdadi* ("Uma Entrevista Espiritual com o Líder do Estado Islâmico Al-Baghdadi", Nova York: IRH Press, 2015).

em que um criminoso arruma um local para prender os reféns e pede um resgate. Senti que a mídia não enxergava que havia diferença entre esses casos.

O incidente ocorreu quando o primeiro-ministro Abe visitava quatro países do Oriente Médio. A hora foi muito bem escolhida. A situação de perigo ocorreu enquanto o primeiro-ministro japonês estava lá; portanto, fica claro que a ação deve ter sido premeditada.

Em seu discurso no Egito, o primeiro-ministro Abe declarou que iria doar uma soma em torno de 200 milhões de dólares para os países em luta contra o EI. Usou ainda a expressão: "A fim de ajudar a deter a ameaça que o EI representa". Na verdade, isso soou mais como uma intenção de encurralar o EI[4]. Mas após a crise dos reféns, ele alterou sua declaração dizendo que seria uma ajuda não militar e tentou desesperadamente retirar o contexto que conotava uma conexão militar.

A notícia sobre a crise dos reféns veio a público quando ele estava em Israel. Ao que parece, ele recebeu o primeiro relatório por volta das 14h50 (horário do Japão) em 20 de janeiro, e viu as imagens dos reféns no hotel.

---

4. Em seu discurso, o primeiro-ministro Abe disse: "A fim de ajudar a deter a ameaça que o EI (Estado Islâmico) representa, iremos oferecer nosso apoio à Turquia e ao Líbano e também fornecer ajuda aos refugiados e pessoas desalojadas do Iraque e da Síria. Para essas nações em luta contra o EI, prometemos um total de 200 milhões de dólares, para ajudar no desenvolvimento de recursos humanos e infraestrutura".

Os espíritos dos principais ministros do gabinete japonês vieram me visitar e pedir conselhos

Naquela manhã de 20 de janeiro de 2015, a Happy Science publicou um grande anúncio sobre o livro que continha a mensagem espiritual de Maomé ("Mensagens Espirituais do Profeta Maomé Sobre o Atentado em Paris – Liberdade de Expressão *versus* Fé no Islã"), na edição matinal do jornal *Asahi Shinbun*. Não foi uma boa hora, porque na tarde daquele mesmo dia o EI soltou a notícia do sequestro. Pensei: "Que incidente complicado, num momento delicado".

Achei que o livro não era suficiente para explicar o que estava acontecendo, mas como minha agenda estava cheia, não tive tempo de produzir outro livro para explicar melhor a situação. Além disso, a expectativa era que a crise dos reféns terminasse em três dias, então não emiti nenhuma opinião a respeito imediatamente.

Assim, embora isso fosse incomum, a Happy Science não deu nenhuma informação sobre o assunto. No entanto, logo após a hora do almoço do dia 22 de janeiro, os espíritos guardiões[5] dos principais ministros do gabinete, que estavam na residência ofi-

---

5. Cada ser humano possui um espírito guardião. É também uma parte da própria pessoa; por isso, a personalidade e a maneira de pensar dele são muito semelhantes às da pessoa. Para mais detalhes, por favor, consulte *As Leis do Sol*, 2ª edição, pág. 79.

cial do primeiro-ministro trabalhando para resolver a questão, vieram me visitar, um após o outro. Naquela hora, o governo declarou que iria tomar todas as medidas possíveis para resolver o problema. Procurar meu conselho daquela forma foi, sem dúvida, uma dessas "medidas possíveis".

Na realidade, os ministros não me chamaram por telefone, foram seus espíritos guardiões que vieram me perguntar, aflitos, o que deveriam fazer. Entre esses espíritos estava o do primeiro-ministro Abe e o do secretário do gabinete, além do espírito guardião do ministro das Relações Exteriores. Mas o primeiro a aparecer foi, por alguma razão, o espírito guardião do senhor Shimomura, que na época desta palestra era ministro da Educação, Cultura, Esportes, Ciência e Tecnologia.

O espírito guardião do senhor Shimomura parecia muito fatigado, então perguntei por que ele estava tão exaurido. Ele respondeu: "Estou com um problema agora. As pessoas dizem que estamos sofrendo uma maldição por minha causa".[6]

Os espíritos guardiões dos demais ministros pediram minha opinião sobre a questão e sobre o que deveriam

---

6. Em 2014, o ministro da Educação, Cultura, Esportes, Ciência e Tecnologia vetou o estabelecimento oficial da Universidade Happy Science e, ao que parece, considerou isso como a causa de uma maldição.

fazer para resolvê-la. Mas eu simplesmente respondi: "Desta vez, não pretendo dar-lhes uma resposta".

Na realidade, tínhamos o direito de recusar. Por longo tempo, havíamos assumido o risco por tudo, quando dizíamos a eles o que deviam fazer e convencíamos a mídia com antecedência. E só depois, o governo lentamente tomava algumas medidas, afirmando que este havia sido seu plano desde o início. Há muito tempo era esse seu padrão de conduta e então, nessa oportunidade, eu disse: "Pelo menos de vez em quando vocês precisam pensar por vocês mesmos e assumir a responsabilidade por suas decisões. Se dissermos o que devem fazer, vocês irão jogar a responsabilidade nas nossas costas, não é assim?"

Em geral, quando expresso minha opinião e o governo segue meu conselho, a mídia fica quieta e não ataca o governo. Percebi que o governo queria que eu fizesse um pronunciamento sobre o assunto, para que eles pudessem mais uma vez usar a mesma abordagem. Então, pensei: "Vamos ver quem consegue resistir mais tempo"; disse que eles deviam pensar por si mesmos e não cedi de jeito nenhum. No entanto, vi que havia pontos importantes que eles precisavam levar em conta em relação àquela questão, então vou discutir aqui para que você fique sabendo.

2
Como o Japão lidou com a crise dos reféns

O jeito japonês de dar uma coletiva de imprensa do primeiro-ministro Abe deixou o Estado Islâmico confuso

O primeiro-ministro Abe soube dos reféns japoneses durante sua visita ao Oriente Médio, e convocou uma coletiva de imprensa em Israel, algo muito incomum. Na coletiva, destacou dois pontos: primeiro, "Daremos prioridade à vida humana"; segundo, "Não iremos ceder ao terrorismo". Mas não respondeu às perguntas sobre o que pretendia fazer exatamente. Essa reação foi muito típica dos japoneses, mas ao que parece nem o primeiro-ministro nem o governo japonês se deram conta disso.

Vendo a situação do lado de fora, minha impressão foi de que o discurso do primeiro-ministro Abe deve ter pego os terroristas de surpresa, inclusive aquele que segurava a faca no vídeo e que assumiu a responsabilidade pelo sequestro. Quando ouviram que o Japão daria prioridade à vida humana, devem ter imaginado que o resgate seria pago. Mas, ao ouvir em seguida que o Japão não iria ceder ao terrorismo, devem ter pensado: "Então quer dizer que não vão pagar? Será que isso significa que vão partir para uma represália militar?" Quando perguntaram o que iria ser feito, o primeiro-ministro disse apenas: "Faremos tudo o que estiver ao nosso alcance para resolver a questão". Diante disso, os terroristas devem ter ficado totalmente perdidos, porque, do jeito que o Japão respondeu, não se podia tirar uma conclusão lógica.

Se a intenção dele era confundi-los, deveria ter acrescentado comentários como: "Está nas mãos de Alá". Ou então: "Quando voltar ao Japão, vou perguntar a Alá, e então conforme o que Alá disser darei minha resposta. Mas não posso dizer quando será, porque não se sabe quando Alá irá responder". E isso os deixaria ainda mais perdidos e em extrema confusão.

Na realidade, os não japoneses não entendem essa "lógica nipônica". Mas o problema é que a própria pessoa que afirma essas coisas não consegue ver o quanto sua fala soa ilógica aos outros.

"Salvar vidas humanas" é uma mensagem para o Japão; "Não ceder ao terrorismo" é uma mensagem para o Ocidente

A primeira mensagem do primeiro-ministro Abe, "Daremos prioridade à vida humana", foi dirigida ao povo japonês. Ele precisou dizer isso aos eleitores japoneses pela mídia, senão perderia as eleições e seu índice de aprovação despencaria. Por isso declarou que daria prioridade máxima à vida humana. Sua mensagem seguinte, "Não iremos ceder ao terrorismo", foi dirigida ao Ocidente. Ele estava dizendo aos países ocidentais que o Japão não iria ceder ao terrorismo.

Mas em relação à pergunta sobre o que o governo iria fazer, que seria uma mensagem direcionada às pessoas que detinham os reféns, não houve uma resposta. Nesse caso, o que daria para supor é que a intenção do Japão talvez fosse negociar nos bastidores uma redução do valor do resgate. Mas, então, o governo veio com uma postura de que iria fazer tudo o que estivesse ao seu alcance para resolver. No entanto, em relação a pontos cruciais, disse que não poderia responder. Provavelmente não tinha mesmo uma resposta.

A interpretação da expressão "ajuda humanitária", que a mídia japonesa usou com frequência

Por meio da mídia, o governo japonês tentou enfatizar que os 200 milhões de dólares eram, na realidade, uma ajuda humanitária, e não seriam usados com propósitos militares. Eles levaram a mídia a noticiar isso. Tenho a impressão de que a intenção era convencer os terroristas a não executarem os reféns. Mas os terroristas já haviam compreendido exatamente o que o primeiro-ministro Abe dissera no Egito; portanto, era duvidoso que o governo fosse capaz de persuadi-los.

Material bélico e suprimentos são absolutamente vitais nos assuntos militares; então, oferecer assistência financeira é quase o mesmo que lutar em apoio. Nesse sentido, acho que o EI entendeu a informação precisamente.

A mídia japonesa, inclusive a NHK (Corporação de Radiodifusão Japonesa) e várias outras estações de tevê e jornais, noticiou na época em uníssono que se tratava de ajuda humanitária, achando que ao fazer isso poderia trazer os reféns de volta para casa. Na minha visão, porém, acho que sua alegação não seria suficiente para convencer os terroristas. Isso porque o EI também estava em uma situação em que precisava desse tipo de ajuda. Nessa época, milhares de pessoas já haviam morrido por causa dos ataques aéreos ao EI, inclusive civis que não atuavam como soldados. Provavelmente o EI deve ter pensado: "Se vocês estão falando em ajuda humanitária, e nós, como ficamos?"

Parece claro que o dinheiro que o Japão distribuiu como "ajuda humanitária" não foi dado apenas aos países que aceitaram refugiados do Iraque e da Síria, como a Turquia, mas também a outros países, como Egito e Israel. A mídia japonesa usou o termo "ajuda humanitária" julgando que iria soar como algo que não tinha nada a ver com ação militar, mas seria surpreendente se conseguissem convencer os terroristas; eu na verdade duvidei que isso fizesse efeito. Ao contrário, achei que, mesmo que o Japão tentasse dizer que a ajuda não tinha ligação com o aspecto militar, o EI não seria capaz de interpretar isso desse modo.

Como o Estado Islâmico encarou a visita do primeiro-ministro Abe aos quatro países do Oriente Médio?

Na realidade, o que o EI mais quer é dinheiro, sobretudo para custear seu exército. Ele emprega muitos soldados que vêm de outros países atraídos em princípio pela alta remuneração. Mas agora que o preço do petróleo caiu pela metade e uma porção de poços de petróleo e de instalações foram destruídos pelos ataques aéreos dos Estados Unidos, sua infraestrutura ficou muito danificada. Portanto, é claro que eles querem dinheiro.

Um dos dois reféns japoneses era jornalista, Kenji Goto. Sua família já recebera ameaças por e-mail do EI, pedindo resgate de 1 ou 2 bilhões de ienes (cerca de 8 ou 16 milhões de dólares), desde o fim de 2014.

O ministro das Relações Exteriores do Japão tinha essa informação; portanto, quando o primeiro-ministro Abe foi para o Oriente Médio, já sabia dos reféns. Tendo essa informação é que visitou o Oriente Médio e distribuiu dinheiro. Suponho que a medida envolveu negociações, pedindo a cooperação desses países pelo motivo de que o Japão estava de mãos atadas.

Assim, o incidente não foi mera coincidência. O governo japonês já sabia dos reféns em 2014, e por isso o primeiro-ministro foi para o exterior e distribuiu dinheiro no Oriente Médio. Isso equivale a dizer que o Japão tomou o lado dos países que se opõem ao EI, tornando-se, portanto, inimigo. Receio que o governo japonês não tenha entendido bem esse ponto.

Nem o primeiro-ministro nem a mídia emitiram mensagens expressando um juízo de valor

Apontei vários problemas em relação à reação do governo japonês diante da crise dos reféns. Em resumo, o Japão falhou num ponto: não mencionou uma única palavra a respeito do que julgava certo ou errado. Em outras palavras, o Japão não fez nenhum comentário emitindo seu juízo de valor em relação ao sequestro. Isso é um traço muito típico dos japoneses.

Países como os Estados Unidos, o Reino Unido, a França e a Austrália lançaram ataques aéreos contra o EI porque julgaram que ele é um mal. Ao pensar no ato de matar alguém, se é um ato do bem ou do mal, considerando-se o ponto de vista individual, é um mal por natureza. Mas esses países conseguem bombardear o EI, pois condenam seus atos considerando-os ilegítimos e malignos. Nesse sentido, tais países possuem um juízo de valor.

O EI, por sua vez, tem sua lógica e suas razões particulares para suas ações (ver Figura 5). Desde a Guerra do Iraque e a Primavera Árabe[7], houve uma reversão de poder; aqueles que estavam em posições vantajosas enfrentam agora situações muito difíceis

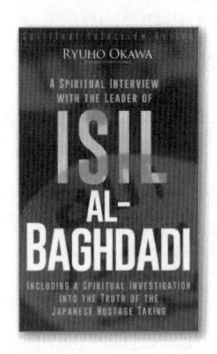

Figura 5.
Em 31 de janeiro de 2015, fizemos uma investigação espiritual sobre a verdadeira intenção de Baghdadi, autodenominado califa e líder do EI. Ver a obra citada anteriormente *Entrevista Espiritual com o Líder do Estado Islâmico, al-Baghdadi*.)

---

7. A Primavera Árabe foi a grande onda de manifestações e protestos contra governos de países árabes, que começou com a resistência civil na Tunísia (Revolução Jasmim) em 2010, e se espalhou por todo o mundo árabe.

e não têm para onde ir[8]. Nessas circunstâncias, o EI emergiu como uma tentativa de criar uma nova autoridade. Além disso, o EI tem por objetivo reunir e unir o mundo muçulmano, a fim de criar um vasto domínio cujo poder se estenda até o norte da África e o sul da Europa. Seu pensamento é similar àquele que norteia as épocas de guerra.

Não se sabe se o EI chegará a ser reconhecido como um "estado", mas esse objetivo está atraindo soldados voluntários de todas as partes do mundo. Por isso, fazer um julgamento em termos de bem e mal sobre esse assunto é muito difícil.

O Japão está fazendo um grande esforço para passar a mensagem de que não alimenta má vontade em relação ao Islã. Mas só isso não é razão suficiente para eles aceitarem essa mensagem, porque o mundo islâmico é formado por países diferentes, e alguns deles divergem ou até combatem entre si.

A NHK fez reportagens em várias mesquitas islâmicas no Japão e mostrou cenas de muçulmanos, falantes de japonês, orando pela libertação dos reféns japoneses. No entanto, havia algo estranho nessas re-

---

8. Na Guerra do Iraque, Sadam Hussein (sunita) foi executado, e quem assumiu o poder no Iraque foram os xiitas. Começaram, então, as opressões aos sunitas. No meio do sentimento de revolta dos sunitas é que surgiu o EI (sunita).

portagens. O aspecto estranho é que os muçulmanos que vivem no Japão se mostravam bem niponizados, tendo já assimilado a maneira de pensar japonesa. Sabiam que tipo de discurso e de atitude é bem recebido no Japão, e então escolheram bem as palavras de acordo com isso. Independentemente de como estivessem se sentindo de fato, sabiam escolher as palavras que seriam bem aceitas no Japão.

Entendo que a mídia japonesa inteira estava trabalhando em conjunto, tentando assegurar que suas reportagens não atrapalhassem os esforços do governo. Infelizmente, o grande problema é que ninguém fez um juízo de valor sobre o episódio.

3
O que é retidão em termos políticos?

Duas formas de pensar que definem a justiça

Outro aspecto que quero acrescentar é a questão da justiça, que tem a ver com a definição do que é certo e errado. Em relação à justiça, em termos gerais há no mundo duas maneiras diferentes de pensar. Uma delas parte do princípio de que a justiça está nas mãos de Deus. Ou seja, algumas pessoas acreditam que apenas Deus pode decidir se uma coisa está de acordo com a justiça; a decisão está nas mãos de Deus, portanto, os humanos não podem determinar isso. Esse modo de pensar está muito arraigado em países religiosos.

A outra maneira de pensar parte do princípio de que a justiça é determinada pelos humanos por meio de um processo democrático. As pessoas deixam Deus de lado e acreditam que a justiça é determinada pela lei, criada pelos representantes eleitos pelo voto para um mandato no governo. Qualquer coisa que vá contra as leis, decididas pela maioria, é um mal, e tudo o que estiver de acordo com elas estará alinhado com a justiça. Existe esse tipo de maneira de pensar.

Existe ainda uma posição intermediária. Algumas nações democráticas decidem a justiça com base no que supõem ser a Vontade de Deus.

Portanto, a questão é: será que é Deus quem determina a justiça ou os humanos podem determiná-la? É nesse aspecto que os dois julgamentos de valor na realidade se chocam. Por favor, saiba disso.

O islã acredita que não existe o fundamentalismo islâmico

Há, portanto, duas abordagens diferentes, e ambas têm problemas. Por exemplo, os membros do EI também se prostram e oferecem preces a Alá, como os demais muçulmanos, então não há dúvida de que são fiéis do islamismo. No entanto, na verdade eles não compreendem a Vontade de Alá. Por isso, eles simplesmente agem com base no que acreditam que Alá faria. Em outras palavras, embora afirmem que Deus determina a justiça, na realidade não sabem qual é a Vontade de Deus. O que fazem é tomar ações acreditando que seu pensamento está coerente com o pensamento de Deus. Agem com base em suas próprias suposições, portanto nunca terão certeza se estão de fato de acordo com a Vontade de Deus.

Já países como os Estados Unidos e o Reino Unido realizam ataques aéreos contra o EI. A França também disse que irá enviar um porta-aviões após o atentado em Paris. A Austrália também participou dos ataques aéreos. Basicamente, os países cristãos chegaram à conclusão de que o fundamentalismo islâmico e o islamismo radical são o mal, e separam os extremistas da outra parte do islã, moderada, traçando uma linha entre ambos. Essa é basicamente a sua maneira de pensar.

Porém, da perspectiva dos muçulmanos em geral, não existe fundamentalismo islâmico. Para eles, não existe essencialmente nenhum fundamentalismo no islã. Ficam sem entender ao ouvir essa expressão e perguntam-se: "O que é fundamentalismo islâmico?" Se você explicar a eles que se trata dos pensamentos e ações dos tempos de Maomé aplicados sem modificações à era moderna, dirão: "O que há de errado nisso? Não há nada de errado, porque nada mudou desde então. É isso exatamente o que todos nós almejamos". Se você perguntar como eles veem os extremistas islâmicos, dirão simplesmente que essas pessoas têm muito entusiasmo e pureza.

Por outro lado, alguns países islâmicos têm negócios com o Ocidente, recebem auxílio financeiro do Japão e estacionam tropas ocidentais em seu território. Da perspectiva dos chamados "fundamentalistas islâmicos" ou "extremistas islâmicos", esses países corrompem o islã. São vistos por eles como excessivamente condescendentes, como países que aceitam as pesadas imposições e o envenenamento promovidos pela civilização ocidental ou pela cultura cristã. Nisso há uma discrepância entre os dois lados.

Leis como a que proíbe a educação às mulheres não são ensinamentos islâmicos, mas padrões culturais

Há outro aspecto do islamismo que é muitas vezes mal-compreendido pela perspectiva ocidental. Na França, por exemplo, é proibido usar véu na cabeça em lugares públicos, como as escolas públicas. A visão ocidental do islã é de que os seus ensinamentos proíbem as mulheres de receber educação e as obrigam a usar o véu, e que os extremistas e fundamentalistas agem de modo violento com quem vai contra seus ensinamentos.

Mas não existem tais regras nos ensinamentos islâmicos. Não há nenhum ensinamento que diga: "As mulheres têm de usar um véu cobrindo a cabeça" ou "As mulheres não devem ir à escola". Na realidade, essas normas foram estabelecidas pelo paternalismo ou pelo sistema patriarcal. Em termos simples, o pai goza de toda a autoridade no seio da família, mais ou menos como costumava ser no Japão. A família toda é governada pela maneira de pensar do pai. Esses padrões são culturais, não são ensinamentos religiosos. Portanto, não é certo dizer que o islã está errado simplesmente fazendo menção a esses comportamentos.

Os dois reféns japoneses estavam sujeitos ao princípio da autorresponsabilidade

Há aspectos muitos difíceis na definição do que é justiça, sobretudo quando tentamos esclarecer se um incidente está ou não de acordo com a justiça.

Na época da crise dos reféns japoneses, muitas pessoas fizeram seu melhor na sede de administração da crise na Jordânia, assim como no Japão, trabalhando dia e noite para tentar resolver a questão. Sinto ter de dizer isto, mas, falando com toda franqueza, os dois homens que foram feitos reféns entraram no EI por sua conta e risco.

O jornalista Kenji Goto, pelo menos, sabia do perigo; ele fez um vídeo antes de partir declarando assumir total responsabilidade por suas ações e que não ficaria ressentido com o povo sírio, não importa o que viesse a acontecer. Além disso, pediu que não culpassem os sírios por qualquer coisa que pudesse ocorrer. O outro homem, Haruna Yukawa, foi lá fazer pesquisas para uma companhia militar privada de sua propriedade. Ambos entraram na Síria com um propósito relacionado com trabalho, portanto devem ter previsto o risco de serem capturados. A partir disso, podemos afirmar que o princípio da autorresponsabilidade com certeza se aplica aos dois.

Se ambos entraram na Síria mesmo sabendo dos riscos envolvidos e sem nenhuma intenção de causar problemas para a sua pátria, o Japão, deveriam ter mantido sua dignidade depois de terem sido feitos reféns. Se tivessem recebido ordens de dizer suas últimas palavras em japonês, gostaria que fossem as palavras que eles, como homens japoneses, deveriam dizer, com base no espírito samurai.

No geral, vários aspectos vergonhosos dos japoneses ficaram evidentes nessa crise dos reféns. Foi assim que eu senti. Tive a impressão de que o povo japonês não conseguiu ter clareza a respeito de onde estava a responsabilidade, até que ponto as pessoas podem ir e quanta responsabilidade o governo deve assumir.

Que mensagem final deveria ter sido deixada pelos reféns japoneses

Os reféns americanos e britânicos, antes de serem executados, receberam ordens de dizer: "A culpa é do governo americano" ou "O responsável é o governo britânico". Quando os japoneses foram tomados como reféns, desejei que gritassem pedindo que as Forças de Autodefesa do Japão viessem resgatá-los, caso tivessem recebido ordens de deixar uma mensagem final antes de serem mortos.

Esta teria sido a maneira mais eficaz e a força mais poderosa para mudar o Japão. Realmente, queria que tivessem dito: "Por que as Forças de Autodefesa do Japão não podem vir e nos resgatar?" Essa teria a sido a melhor coisa que poderiam fazer. Se tivessem feito isso, o primeiro-ministro Abe poderia ter pago o resgate de 200 milhões de dólares. A dificuldade de mudar a opinião pública japonesa chega a esse nível.

Se fosse o Ocidente, faria de tudo para pensar num meio de resgatar os reféns. Como as Forças de Autodefesa do Japão têm forças especiais, estas poderiam pelo menos ter sido levadas até lá por via aérea. Do ponto de vista ocidental, no mínimo as forças especiais deveriam ter sido transportadas até a Turquia ou a Jordânia.

Por causa dos sequestros feitos pela Coreia do Norte, durante muito tempo as Forças de Autodefesa do Japão receberam treinamento para pousar de paraquedas em missões de resgate. Na crise dos reféns, deviam ter sido tomadas medidas similares, mas não houve sinal de qualquer ação desse tipo. Isso mostra que, embora a administração Abe estivesse empenhada em tentar mudar a Constituição do Japão na época, seu comportamento não foi diferente daquele dos que vêm se opondo à sua alteração.

• As leis da justiça •

Na comunidade internacional, as mensagens só são eficazes quando contêm juízo de valor

Em relação à crise dos reféns, o governo japonês deveria ter pensado de maneira mais lógica. Capturar pessoas e exigir um resgate sob a ameaça de matá-las é o mesmo ato narrado em *Ali Babá e os Quarenta Ladrões*. É um comportamento que não deve ser tolerado. É claro, algumas características culturais precisaram ser levadas em conta, mas mesmo assim o governo deveria ter emitido um juízo de valor; a questão não deveria ter sido encerrada com o governo simplesmente implorando pela vida dos reféns.

No mínimo, como primeiro-ministro, o senhor Abe deveria ter dito ao EI: "O que vocês estão fazendo é errado. Se vocês executarem os reféns japoneses, o Japão terá de encarar o EI como um inimigo e tomar as devidas ações, fortalecendo laços com outros países". Em outras palavras, deveria ter dito que executar reféns seria encarado como uma declaração de guerra. Deveriam ter dito assim, com uma postura firme. Na comunidade internacional, as mensagens só são eficazes quando contêm juízos de valor. Mas sua mensagem ficou sem sentido, portanto as pessoas não tiveram ideia do que ele estava tentando dizer.

A vida humana em primeiro lugar é o próprio Credo Japonês, como definiu Shichihei Yamamoto

É típico do pensamento japonês optar por colocar, em última instância, a vida humana em prioridade máxima. É algo como uma religião que cultua a vida humana. É o que o crítico japonês Shichihei Yamamoto, também conhecido como Isaiah Ben-Dasan, chama de Credo Japonês, que inclui a postura de se colocar a vida humana em primeiro lugar[9].

Já as religiões monoteístas, como o islamismo, o judaísmo e o cristianismo, nem sempre dão prioridade à vida humana. Nas religiões monoteístas, as pessoas acreditam que Deus vem antes dos humanos, e portanto Deus tem o direito de punir ou recompensar os seres humanos. Assim, acreditam que Deus enaltece as pessoas quando elas agem corretamente, e que as pune quando agem errado.

Essa maneira de pensar não faz parte do Credo Japonês. O povo japonês acredita que a prioridade à vida humana é um princípio universal comum a todos os

---

9. Em suas mensagens espirituais, registradas em 29 de maio de 2013, Shichihei Yamamoto afirmou que assegurar a vida humana é a essência do credo que ele chamou de Nihonkyo (traduzido aqui como *Credo Japonês*, é um neologismo que pode ser descrito como uma "religião que existe infiltrada no subconsciente dos japoneses"). Ver *Yamamoto Shichihei no Shin-Nihonjin-Ron* (A Nova Perspectiva sobre o Povo Japonês segundo Shichihei Yamamoto, Tokyo: IRH Press, 2013), disponível em japonês.

países. De fato, os Estados Unidos fazem esforços diplomáticos na questão dos direitos humanos, mas vale notar que nos países monoteístas a crença geral é de que Deus existe acima dos humanos.

Na realidade, o Japão é o único que tem uma crença diferente nesse sentido. Não há problema em adotar a postura de *epoché*, ou suspensão de juízo, mas o Japão precisa dizer o que deve ser dito, em vez de tratar o problema apenas como uma questão de dinheiro.

O primeiro-ministro Abe distribuiu dinheiro pelo Oriente Médio como ajuda humanitária, e usou-o para contar com a cooperação na libertação dos reféns. Acredito que foi uma boa estratégia. Mas ele deveria ter estabelecido e deixado claro um julgamento de que estava auxiliando outros países porque aquilo que o EI estava fazendo era errado.

A única maneira de avaliar se algo está certo ou errado

É muito difícil julgar se algo está certo ou errado. Só há uma maneira de fazer isso. É imaginar o que pode acontecer se o curso de ação considerado for levado adiante até o fim.

Por exemplo, é muito difícil julgar se as ambições do EI são corretas. Mas tente imaginar o que aconteceria se eles se expandissem de modo a abranger todo o mundo islâmico e até mesmo o norte da África e o sul da Europa. A ideia deles é criar um vasto império nos moldes do antigo Império Otomano. Você acha que a expansão de um estado com base nessa postura traria felicidade à humanidade? Se pensar a respeito disso e concluir que irá trazer ainda mais infelicidade à humanidade, você tem de tomar a decisão de considerar que eles estão errados. Não haveria nada de errado com eles se sua expansão significasse a expansão da felicidade, mas, se não for o caso, deve-se tomar a decisão de considerar que o EI está errado.

É o mesmo que venho dizendo em relação à China. No continente chinês, tudo é controlado conforme a vontade do presidente Xi Jinping. Mas em 2014, houve a Revolução dos Guarda-Chuvas em Hong Kong, quando as pessoas saíram carregando guarda-chuvas para protestar contra o governo honconguês[10]. O que aconteceria se a maneira de pensar da China de difundisse pelo mundo todo? Ao refletir sobre isso, podemos ver claramente que haveria um número crescente de nações e pessoas que

---

10. Manifestantes pró-democracia protestaram contra o estreitamento dos laços entre o governo honconguês e a China, por acreditarem que, se a influência chinesa crescer na política honconguesa, aos poucos a liberdade será tolhida. Os estudantes usaram guarda-chuvas para se protegerem do gás lacrimogêneo e do spray de pimenta lançados pela polícia local. (N. do E.)

iriam se sentir infelizes. É por isso que sou contrário à disseminação da maneira de pensar da China.

Esta é uma boa abordagem, pois nos permite imaginar se um sistema irá gerar o bem ou não caso se expanda e seja adotado por outras pessoas. É importante partir dessa base para julgar se ele é bom ou mau.

Desde que as forças armadas americanas abandonaram seu papel de polícia do mundo, o caos aumentou

O presidente Obama recebeu o Prêmio Nobel da Paz por sua retirada militar do Oriente Médio, mas isso resultou em confusão na região, criando muitas fontes de instabilidade. Existem dois aspectos nos assuntos militares: um deles é cumprir o papel de polícia, o outro é operar como força bruta, como quando ocorre massacre de pessoas. Devemos lembrar que desde que começou o governo Obama, quando as forças armadas americanas abandonaram seu papel de polícia, o caos, a desordem e o número de mortos aumentaram ao redor do mundo.

Os Estados Unidos limitam-se agora a lançar ataques aéreos. O presidente Obama não quer mais manter soldados em terra porque isso poria em risco a vida de muitos americanos. Por essa razão, permite apenas ataques aéreos. Mas o EI provavelmente acha isso injusto, pois está sendo atacado pelos Estados Unidos unilateralmente, com armas que eles não possuem[11]. Assim, podemos dizer que o problema do EI surgiu basicamente devido à política dos americanos no Oriente Médio.

Está sendo travado no mundo todo um cabo de guerra entre "a justiça decidida por Deus" e a "justiça concebida pelos seres humanos". Essa é a visão da justiça do ponto de vista da religião. Por favor, saiba disso.

4
O que é retidão nas questões econômicas?

Fornecer às pessoas igualdade de oportunidades, mais do que igualdade de resultados

A visão da justiça também existe nas questões econômicas. No início de 2015, fiz comentários a respeito

---

11. Avalia-se que o número de mortes no EI causadas pelos ataques aéreos americanos seja superior a seis mil. E em 13 de novembro de 2015 houve novos ataques terroristas do EI em vários locais da França, inclusive o ataque a uma casa de espetáculos, um restaurante em Paris, e um estádio numa cidade próxima, com 130 pessoas mortas e mais de 300 feridas. Como retaliação a esses atentados, os países ocidentais intensificaram seus ataques à Síria. Informa-se que somente os ataques aéreos russos mataram mais de 1.300 pessoas, entre elas 400 civis.

do economista francês Thomas Piketty[12]. Ele escreveu *O capital no século XXI*, versão contemporânea de *O Capital*, de Karl Marx, e lançou a ideia de que o mundo seria melhor se a riqueza fosse distribuída uniformemente por meio do aumento progressivo da taxação sobre a renda e cobrando-se elevados impostos sobre heranças. É exatamente a mesma coisa que Marx escreveu no *Manifesto Comunista*. Mas gostaria que você soubesse que há alguns problemas nessa maneira de pensar, e portanto ela precisa ser examinada com muita atenção.

Vou tentar explicar isso de modo simples, usando como exemplo a luta japonesa do sumô. Em janeiro de 2015, Hakuhō, um grande campeão desse tipo de luta, venceu o Grande Torneio de Sumô de Ano-Novo, alcançando um recorde de torneios vencidos. Ele é hoje o único lutador de sumô que venceu 33 torneios.

Talvez haja pessoas que se sintam ofendidas com seu número de vitórias, achando que isso é injusto e imperdoável do ponto de vista da igualdade de resultados. Podem argumentar, por exemplo, que: "Uma pessoa não precisa vencer 33 vezes, uma vez só já é suficiente. Depois que alguém vence um torneio, não

---

12. Refere-se a uma palestra sobre o livro *As Leis da Sabedoria*, ministrada em 11 de janeiro de 2015.

tem direito de vencer de novo; a vitória deve ir para o concorrente seguinte. Se os lutadores se revezassem em vencer os torneios, teríamos agora 33 campeões. É esse o sentido da igualdade". Essa é a maneira de pensar da igualdade de resultados.

Mas você logo verá que há algo estranho nesse tipo de pensamento. Produzir 33 campeões diferentes, todos felizes por terem vencido um torneio, pode parecer benéfico para a humanidade, mas há alguma coisa nisso que não está certa. A parte estranha é que não estarão sendo julgados de modo justo alguns fatores, como o esforço e a disciplina que a pessoa investiu no seu trabalho, ou a felicidade que ela trouxe a muitas outras. E um mundo assim não pode ser justo.

É como dizer que o jogador de beisebol profissional Ichiro acerta tacadas demais e querer impor-lhe restrições, limitando o número de tacadas que ele pode acertar. Definitivamente haveria algo de errado nisso. A mesma coisa seria dizer que parte do salário dele deveria ser distribuída entre jogadores de segundo escalão, já que os salários deles ficam muito diminuídos pelo fato de ele ganhar muito.

É bom distribuir dinheiro até certo ponto, como uma espécie de benefício assistencial, mas se tudo fosse regido por esse tipo de pensamento, todos os esportes, inclusive o beisebol e o sumô, seriam um tédio. Saindo agora do mundo dos esportes, no mundo dos negócios também, as pessoas competem intensamente, fazem de tudo para contribuir com melhores ideias e trabalham duro para sobreviver.

Oferecer oportunidades iguais é muito importante e é algo que deve ser protegido também por lei. Mas quanto aos resultados, é natural que haja sempre disparidades. Não há dúvida de que é preciso fazer o maior esforço possível para proteger as pessoas que estão em pior situação, mas precisamos aceitar que sempre haverá diferenças, e temos que estar dispostos a nos congratular com os outros pelo seu sucesso. Se não, o mundo não irá progredir. Isso é algo que precisamos levar em conta. Caso contrário, cometeremos erros.

Torne o espírito de *noblesse oblige* uma espécie de cultura

No mundo, pode acontecer de uma atriz de 20 anos de idade ganhar 2,6 milhões de dólares por ano. Quando ficam sabendo disso, algumas pessoas acham ultrajante alguém ganhar todo esse dinheiro com tão pouca idade, e dizem que ela deveria ficar com 100 mil dólares e dar o resto a outras pessoas. Mas é muito árduo chegar a essa capacidade de ganhar tanto dinheiro. Afinal, essa atriz teve aceitação entre um grande público, e saiu vencedora num mundo altamente competitivo. As pessoas sonham em alcançar fama, por isso querem se tornar atrizes ou personalidades da televisão. Esse é um fato inegável.

Voltando ao exemplo do sumô, se alguém disser que Hakuhō não deve ganhar por ser mongol e não japonês, isso certamente será discriminação. Nesse caso, não haverá igualdade e, portanto, não é positivo. Também não seria correto limitá-lo subtraindo cinco vitórias do seu total de 15 pelo fato de ele ser mongol.

Décadas atrás, o lutador de sumô Konishiki, nascido no Havaí, não conseguiu se tornar um grande campeão, ou *yokozuna*, apesar de ter conquistado muitas vitórias. Naquela ocasião, alguns jornais americanos se queixaram, entre eles o *The New York Times*, que publicou um artigo dizendo que Konishiki não havia sido promovido a *yokozuna* por discriminação racial. Mas, no torneio realizado após a publicação do artigo, Konishiki teve um desempenho fraco e sua perspectiva de ser promovido perdeu força.

Já outro lutador de sumô havaiano, Akebono, acabou virando *yokozuna*, e o mongol Hakuhō tampouco foi discriminado de novo. Isso é igualdade de oportunidades. Não fez diferença o fato de ser mongol ou de outra nacionalidade qualquer; aqueles que venceram vários torneios e obtiveram bons resultados foram devidamente promovidos ao grau de *yokozuna*.

É natural que haja disparidade nos resultados. É inevitável. Mas se o vencedor não for celebrado, o torneio no geral não terá emoção e o sumô vai desaparecer. Portanto, precisamos considerar os dois aspectos e ter em conta que um bom equilíbrio entre igualdade e disparidade leva ao progresso. Embora seja preciso fazer alguns ajustes, não é bom simplesmente deixar tudo igual.

Quando Hakuhō venceu um torneio, recebeu vários envelopes com o dinheiro da premiação. Ao voltar para o vestiário, distribuiu o dinheiro da premiação entre o seu grupo de auxiliares – aqueles que o acompanham até o ringue carregando uma espada, levando-lhe água, mudando sua tanga ou ajudando-o depois no banho. Ele repartiu o dinheiro da premiação com esse pessoal.

Esse ato dele é o que a Happy Science chama de "*noblesse oblige*" – o espírito cavalheiresco. Ele distribuiu aquela grande quantia de dinheiro que recebeu como um *yokozuna* . Não há nada de errado no fato de ele repartir o dinheiro com as pessoas às quais se sente grato pelo trabalho que fizeram. Mas, se todo o dinheiro da premiação lhe for tirado à força e distribuído a outras pessoas, ele perderá a motivação de vencer os torneios. É por isso que a Happy Science dá grande importância a cultivar o espírito *noblesse oblige*. Precisamos fazer com que essa atitude se consolide como um uma espécie de cultura.

É essencial criar oportunidades iguais de sucesso, abrindo as portas ao maior número possível de pessoas. Mas, quanto aos resultados, é natural que existam diferenças. Este é um dos princípios do capitalismo. Se essa diferença fica grande demais e algumas pessoas têm um lucro excessivo, então é preciso incentivá-las de maneira religiosa a usar sua riqueza para promover o bem-estar social e beneficiar os outros. É desnecessário dizer que as diversas organizações, incluisive instituições governamentais e entidades sem fins lucrativos, devem se esforçar para estender a assistência às pessoas que sofrem por não terem proteção ou ajuda legal.

5
Divulgue o pensamento de progresso e prosperidade do Japão para o mundo

Eliminar a desigualdade não fará bem nenhum, a não ser que você use a sabedoria

Como já descrevi neste capítulo, há dois tipos de retidão: uma se refere à política; a outra, à economia.

O filósofo político americano John Rawls (1921-2002) ficou famoso por sua obra *Uma Teoria da Justiça*. Neste livro, ele argumenta basicamente que justiça significa eliminar a desigualdade. Em termos atuais, ele diz que é imperdoável que apenas cerca de 1% da população mundial detenha metade da riqueza do mundo e, portanto, que é essencial transferir a riqueza desse 1% para as outras pessoas.

No entanto, a população mundial cresce rapidamente; por isso, mesmo que a riqueza fosse distribuída, ela iria se diluir. Em última instância, o efeito dessa medida seria muito pequeno, como despejar uma garrafa de vinho num rio. Essa é a realidade; portanto, precisamos usar a riqueza de maneira sábia. Não acho que a simples eliminação da desigualdade instaure uma condição de justiça. Eliminar a desigualdade não fará bem nenhum a não ser que você use a sabedoria.

Acredito que é importante continuar oferecendo assistência e oportunidades às pessoas que se mostrem capazes de se recuperar quando recebem algum tipo de apoio. Mas, se criarmos uma sociedade que trata todas as pessoas da mesma maneira, independentemente de trabalharem muito ou pouco, em outras palavras, uma sociedade baseada nos ideais do comunismo, então isso seria o fim da humanidade.

Em vez de dar o peixe, ensine a pescar

Talvez este capítulo tenha ficado filosófico e um pouco difícil de compreender. Minha intenção é criar uma nova maneira de pensar, que possa se difundir do Japão para o mundo, levando em conta os aspectos particulares do povo japonês. Quero criar princípios lógicos e coerentes sobre a questão da retidão e, com base nisso, exportar maneiras de pensar que possam criar progresso e prosperidade.

Basicamente, acredito que ensinar a pessoa a pescar, em vez de dar-lhe o peixe, constitui a abordagem correta. Se você dá o peixe à pessoa, ela irá consumi-lo acabando com o peixe que tinha; mas, se você ensiná-la a pescar, ela será capaz de pescar o próprio peixe pelo resto da vida.

O Japão pode fazer uma contribuição ao mundo desse modo. Mas o povo japonês precisa, por sua vez, refletir profundamente sobre o fato de que sua ideia de justiça carece de juízos de valor no sentido religioso.

Capítulo 4

O princípio da justiça

~ Maneiras de pensar a "justiça no nível pessoal" e a "justiça entre as nações" ~

1
Justiça: a questão mais difícil da era moderna

A justiça no nível pessoal é determinada principalmente pela lei

Este capítulo irá discutir "o princípio da justiça". Na década de 1980, dei ensinamentos sobre vários temas na "Série Princípios"[1]. Até agora não preguei sobre o princípio da justiça de forma clara, que, em certo sentido, é a questão mais difícil que enfrentamos hoje em dia.

Depois de ler a primeira página de um jornal, assistir às notícias principais na tevê ou ouvir todos os tipos de comentários e opiniões, é realmente difícil dar uma boa resposta à questão "Qual é a forma ideal de justiça no mundo atual?". Em termos estritos, a justiça relativa à nossa vida individual é determinada em geral pelo domínio da lei. Na nossa vida, procuramos respeitar a lei e tomar decisões quanto à justiça com base no fato de algo estar ou não em conformidade com a lei.

---

1. Publicados no Brasil com o título *As Chaves da Felicidade: 10 Princípios para Manifestar a sua Natureza Divina* (Editora Cultrix).

Hoje, o Código Penal e o Código Civil contêm muitas das regras que as religiões antigas receberam como ensinamentos de Deus. Por exemplo, no nível pessoal, o mandamento "Não matarás" é interpretado no Código Penal pela lei sobre o homicídio, que prevê severas penas quando violada. O mandamento "Não roubarás" é tratado pela lei contra o roubo, que também prevê punições quando violada. Como vemos, os velhos mandamentos estão incorporados ao moderno Código Penal.

A lei civil lida com disputas entre indivíduos e tenta resolver problemas decorrentes do uso do dinheiro. Por exemplo, quando surgem questões sobre propriedade da terra, como a da localização exata da linha que divide dois terrenos, o tribunal intervém e resolve a questão com base na lei.

Quanto ao casamento, embora seja em princípio um contrato invisível entre dois indivíduos, a lei lhe confere legalidade. Pode também dissolver o casamento e permitir o divórcio. Portanto, embora casamento e divórcio consistam na assinatura de um papel, esse ato gera efeitos baseados na lei.

Desse modo, na vida cotidiana, as leis aprovadas a partir de projetos propostos pelos legisladores, eleitos por uma maioria, regulamentam o dia a dia dos cidadãos. E quando essas leis não refletem mais a vontade da sociedade, tomam-se medidas, como a elaboração de novas leis.

Mas existem diferenças entre as nações; uma atividade pode ser considerada crime em um país, e não em outro. Por exemplo, alguns países começaram a legalizar o casamento entre pessoas do mesmo sexo, mas outros não reconhecem a união legalmente. Alguns países também fazem um controle rigoroso sobre narcóticos e estimulantes, outros são muito mais tolerantes.

Essas são questões difíceis. Mesmo que se deixe por conta da lei decidir o que é bom e o que é errado, existem diferenças entre países ou regiões. Nos Estados Unidos, por exemplo, há grandes diferenças até mesmo entre os estados, e o país não tem necessariamente uma posição unificada em relação a certas questões. Mesmo assim, pode-se dizer que muitas coisas são determinadas pela lei.

Na questão da desnuclearização do Oriente Médio, temas religiosos fundamentam a justiça

Quando um problema se expande para além do nível pessoal e ganha proporções bem maiores, começa a entrar em cena o choque entre os sistemas de valores. Ou seja, pode haver também confrontos entre empresas, organizações ou países. Esse choque de valores gera diversos conflitos ao redor do mundo.

Vamos voltar a maio de 2015. Na época, houve uma discussão na ONU sobre a abolição de armas nucleares nos países do Oriente Médio. Mas a discussão não chegou a nenhuma conclusão, pois países como os Estados Unidos e o Reino Unido se opuseram. Sabemos que Israel tem armas nucleares. O país, apesar de sua pequena população, de menos de 10 milhões de pessoas, tem tecnologia nuclear e pode atacar as demais nações, enquanto as nações islâmicas em torno dele, com populações bem maiores, não têm permissão para se armar com este recurso. Como fica exatamente a justiça nesse caso? A resposta é extremamente difícil.

É compreensível que os Estados Unidos e o Reino Unido apoiem Israel e aceitem que possua armas nucleares, para evitar que o país seja esmagado. Mas, se tentarmos descobrir em que se baseia essa posição, veremos que envolve temas religiosos.

As pessoas das nações cristãs do mundo inteiro leem não apenas o Novo Testamento, mas também o Antigo Testamento, o qual narra a história da nação de Israel e traz os ensinamentos de numerosos messias e profetas dessa região. As pessoas das nações cristãs estudam isso, então têm um sentimento muito forte de que devem preservar a nação de Israel, pois não suportariam ver os ensinamentos de Deus no Antigo Testamento desaparecerem.

E de que modo encaram o islã, que surgiu depois do cristianismo? Não é que elas não reconheçam os países islâmicos como sociedades ou estados válidos. Mas, no fundo do coração, mantêm uma forte crença de que, da perspectiva de seus princípios religiosos, o islamismo é uma coleção de ensinamentos transmitidos por um demônio medieval.

É claro, não dizem isso abertamente. Se dissessem que o islamismo transmite os ensinamentos do demônio, os muçulmanos ficariam furiosos. Talvez isso criasse mais ameaças de atentados terroristas. Portanto, é algo que as pessoas não podem dizer abertamente, não só no Japão, mas também em nações cristãs. No conflito entre as civilizações cristã e islâmica, apesar de terem sido travadas três grandes guerras durante as Cruzadas, não houve um claro vencedor. A hostilidade prossegue até hoje.

Do ponto de vista da civilização cristã, o mundo islâmico é visto como um lugar onde o terrorismo é frequente. Portanto, a fim de suprimir as raízes desse terrorismo, acredita-se que não se deve deixar as nações islâmicas acumularem muito poder. As pessoas pensam:

"Se deixarmos que os países islâmicos tenham armas nucleares, o que vamos fazer quando promoverem atos terroristas com essas armas?" É por isso que os Estados Unidos e o Reino Unido consideram aceitável permitir armas nucleares a Israel, mas não às nações islâmicas.

No entanto, essa ideia decorre obviamente de uma espécie de juízo de valor. Há sem dúvida um juízo de valor cultural por trás dela. Claro, pode-se debater se esse juízo de valor está correto ou não. Israel de fato desfruta de uma posição a partir da qual poderia facilmente aniquilar várias centenas de milhões de muçulmanos em volta do seu país, mas, se esses muçulmanos atacassem Israel, sofreriam imediatamente um ataque nuclear. Portanto, podemos concluir que a abordagem ocidental é bem parcial.

Houve justiça na perseguição ao povo judeu?

Há ainda outro ponto de vista a considerar. Na Segunda Guerra Mundial, por exemplo, o povo judeu sofreu uma severa perseguição nas mãos de Hitler. Estima-se que 6 milhões de judeus foram executados em campos de concentração como Auschwitz. Uma tragédia horrível.

Para encontrar os antecedentes desse evento, temos de voltar ao tempo em que Jesus foi executado, em cerca de 30 d.C. Uns quarenta anos depois disso, politicamente a Judeia deixou de existir e o povo judeu foi posto sob o domínio de Roma. Depois, os judeus se espalharam pelo mundo durante 1.900 anos, sem contar mais com sua nação, Israel. Foi a chamada "Diáspora", que significa "a dispersão".

Além disso, no período medieval, o povo judeu não era benquisto devido à sua prática de emprestar dinheiro a juros. Esse é um fato bem conhecido, que aparece até em uma das peças de Shakespeare. O povo judeu acreditava que o dinheiro e os diamantes eram as únicas coisas em que podia se apoiar; era um povo inclinado às finanças. Por isso não eram benquistos. Assim, já existiam sentimentos negativos em relação aos judeus na Europa medieval, que foram um pano de fundo para o comportamento que Hitler viria a ter no mundo moderno.

Ainda há o seguinte relato no Novo Testamento. Quando Jesus estava para ser pregado na cruz, havia entre os destinados à execução um criminoso particularmente cruel. O governador romano anunciou que iria perdoar um dos dois, o criminoso ou Jesus, e deixou a decisão por conta da multidão. O povo judeu se reuniu num átrio, sob a liderança dos sacerdotes, e juntos proclamaram com ênfase que o governador romano deveria executar Jesus e libertar o criminoso, isentando-o de culpa. Declararam ainda que eles e seus descendentes assumiam a responsabilidade pela decisão. Isso é o que consta claramente no Novo Testamento. Assim, se alguém disser: "Essa maldição se cumpriu 2 mil anos mais tarde", não poderá ser totalmente contestado.

As coisas se definem ao longo da extensão da história; portanto, esse é um tópico extremamente difícil. É possível dizer que o povo judeu foi questionado 2 mil anos depois quanto à execução de Jesus. Quando o povo judeu declarou na época: "O seu sangue caia sobre nós e sobre nossos filhos", atribuiu a responsabilidade pela execução de Jesus a Israel, não a Roma. Desse modo, dizer que Hitler aproveitou esse fato para cumprir sua ambição também é uma interpretação possível.

É muito difícil determinar o que é justiça enquanto os problemas ainda estão ocorrendo

Nessas circunstâncias, após a Segunda Guerra Mundial houve o consenso de estabelecer um país para o povo judeu, a fim de compensar as atrocidades que sofrera. A nação de Israel foi, então, criada pela partição de um trecho do Oriente Médio através do poder do Ocidente. Mas isso deu origem a várias disputas com as nações árabes vizinhas, com seguidas guerras no Oriente Médio.

O que ocorreria se houvesse uma visão favorável ao povo judeu, que justificasse o fato de ele se defender? Alguém poderia dizer, por exemplo: "Na guerra, o povo judeu sofreu nas mãos do regime de Hitler, portanto é mais do que natural que agora tenha seu país. É natural que receba tratamento especial e lhe sejam dadas armas nucleares para poder se proteger".

Se você seguir essa lógica, poderá dizer a mesma coisa sobre o Japão. O país é a única nação sobre a qual foram lançadas bombas nucleares na Segunda Guerra Mundial. Só o Japão sofreu com a radioatividade das bombas atômicas duas vezes. Portanto, pela mesma lógica, você poderia concluir: "O Japão perdeu 200 mil vidas em questão de minutos por meio do monstruoso ato de lançar duas bombas atômicas em suas cidades. Isso foi desumano. Assim sendo, o Japão é a única nação à qual deveria ser permitido ter armas nucleares, pois sofreu os danos das bombas atômicas, e deveria ser alvo de compaixão". É uma direção de pensamento válida se você seguir a lógica usada no caso de Israel. No entanto, o Japão ainda não conseguiu seguir esta lógica até aqui.

Os alemães ainda vivem em penitência pelo que fizeram ao invadir a Europa sob o regime de Hitler. Não obstante, é um fato inegável que a União Europeia hoje gira em torno da Alemanha. Em outras palavras, a nação essencial da União Europeia é "um país que está expiando uma falta".

Por outro lado, voltando a atenção para a região do Pacífico, o Japão, uma nação que vive pedindo desculpas, foi quem assumiu esse papel essencial. Os países da Ásia e da Oceania tremem de medo diante da atual hegemonia chinesa, e é com o Japão que eles contam. Esperam que o Japão sirva como uma espécie de escudo contra a China.

Por esse motivo, o primeiro-ministro Abe decidiu apoiar as ilhas do Pacífico com um total de 55 bilhões de ienes (cerca de 450 milhões de dólares), a fim de manter alianças de amizade. Em termos bem francos, ele está cuidando da autodefesa. Ou seja, está montando um esquema para contrabalançar a iniciativa da Rota Marítima da Seda chinesa com uma "autodefesa baseada em ilhas". Isso pode parecer similar à ideia da Esfera de Coprosperidade da Grande Ásia Oriental[2], que o Japão montou antes da Grande Guerra do Leste Asiático (Guerra do Pacífico), então o primeiro-ministro Abe está fazendo isso porque sente o perigo.

Assim, quando a questão da justiça é vista numa perspectiva maior, torna-se muito confusa. Além disso,

---

2 Tentativa do Japão de criar um bloco asiático, para se proteger do colonialismo ocidental.

muitas vezes a justiça tem sido determinada historicamente, quando os estudiosos da história fazem julgamentos examinando eventos passados. Portanto, é muito difícil julgar eventos correntes ou fazer julgamentos antecipados sobre eventos que ainda não ocorreram.

2
A justiça do ponto de vista da religião

A justiça no nível pessoal começa com a consciência de que somos filhos de Deus, ou filhos de Buda

Neste capítulo, minha intenção é discutir a questão da justiça, partindo da "justiça no nível pessoal" e passando para a "justiça entre nações". Para falar desse tema do ponto de vista da religião, primeiro é preciso tratar da questão: "O que é justiça no nível pessoal?"

Como coloquei no esboço da Constituição Japonesa em meu livro intitulado *Shin Nihonkoku Kenpo Shian*[3], acredito que a justiça é alcançada quando cada indivíduo tem condições de batalhar para conseguir sua

---
3. *Proposta para uma Nova Constituição do Japão*, lançado em japonês pela IRH Press Tóquio, 2009.

própria realização, não sendo impedido de ter consciência como filho de Deus ou filho de Buda. Portanto, poderia inversamente dizer que qualquer movimento que suprima essa consciência estará equivocado.

A pesquisa materialista penetrou bastante na educação escolar, nas universidades e na sociedade, infiltrando-se com igual intensidade no campo da ciência. É óbvio que isso também tem efeitos úteis. Por exemplo, não há dúvida de que o trem-bala e as linhas maglev[4] não teriam evoluído sem uma pesquisa materialista. Minha intenção não é rejeitar essas coisas.

Mas preciso dizer que as pessoas estão definitivamente equivocadas quando, em função de aceitar essas coisas, passam a rejeitar as questões espirituais, o outro mundo, Deus e Buda, e adotam uma maneira simplista de ver as coisas, em termos de "preto ou branco", de "sim ou não". Isso significa que há um erro evidente infiltrado no moderno sistema educacional, no ensino superior moderno e na atividade científica.

Ao se dedicarem a pesquisas ou a ganharem a vida dentro desse contexto de educação equivocada, as pessoas vão cultivando filosofias e crenças com base nessa

---

4. Abreviação do inglês *magnetic levitation transport*: refere-se aos trens de levitação magnética que transitam numa linha elevada sobre o chão, sem tocá-la, e podem alcançar grandes velocidades.

maneira de viver, perdendo aos poucos a consciência de serem filhas de Deus ou de Buda. Passam a achar que a vida humana é uma existência limitada apenas a esse mundo. Isso é muito assustador.

Portanto, qualquer movimento que prive as pessoas da consciência de serem filhas de Deus ou de Buda é um empecilho para a realização da justiça no nível pessoal. O movimento correto é criar um sistema social que permita às pessoas terem consciência de que são seres espirituais, dotados de alma, vivendo em corpos físicos; que existem espíritos elevados, Deus e Buda no Mundo Celestial; e que elas são filhas de Deus e de Buda.

A doutrina política moderna começou com a negação do dualismo maniqueísta de bem e mal

Prosseguindo com a argumentação, esse empecilho tem a ver com a moderna doutrina política. Em resumo, o erro começou com a filosofia de Immanuel Kant.

A filosofia de Kant contém conceitos que se enquadram na categoria de ideias sobre justiça. O filósofo alemão rejeitou o dualismo maniqueísta de bem e mal e defendeu as "máximas", princípios subjetivos de ação baseados na razão. Ele lançou a noção de "imperativo categórico", um conceito segundo o qual a pessoa deve escolher viver, por vontade própria, de uma maneira que acredite estar de acordo com a moralidade. Em outras palavras, a sugestão é: "Deixe de lado o conceito de bem e mal determinado por Deus e, no que se refere às ações que você fizer com base na razão, faça-as de uma maneira que você acharia aceitável que os outros fizessem. Essa é a nova maneira de determinar a justiça".

Essa forma de pensar é bastante fácil de compreender numa "era sem Deus". Com esse raciocínio, Kant claramente rejeitava o dualismo maniqueísta de bem e mal. Mas esse dualismo não se limitava ao maniqueísmo.

É um fato que o cristianismo entrou em confronto com o maniqueísmo. O cristianismo teve início no primeiro século da era cristã, e o maniqueísmo tornou-se ativo a partir de 200 a 300 d.C. O maniqueísmo expandiu-se e alcançou por um tempo o nível de religião mundial, com seu fundador ainda vivo. Este, porém, foi imediatamente perseguido pelo cristianismo, e acabou aniquilado pelo zoroastrismo persa, que era a base do maniqueísmo.

A propósito, em suas *Confissões*, Santo Agostinho escreveu sobre o tema da conversão desse tipo de pensamento maniqueísta para o cristianismo. Acredito que a maneira de pensar de Kant se baseou nesse livro.

Mas essa maneira dualista de pensar em termos de bem e mal, defendida pelo maniqueísmo, também está presente em muitas outras religiões. O budismo fala igualmente sobre o bem e o mal, assim como o cristianismo. Várias religiões contêm essa ideia de bem e mal. São muito raras as que não ensinam em termos de bem e mal. Algumas seitas do zenbudismo ou da vertente budista da Verdadeira Escola da Terra Pura afirmam que o bem e o mal não podem ser separados, que tudo é um, mas dizem isso em um contexto completamente distinto. Não chegam a dizer que o bem e mal não existem. Promover o bem e suprimir o mal nas pessoas é um dos princípios filosóficos fundamentais de Buda, e do ponto de vista religioso é assim que deve ser.

Portanto, Kant rejeitou os ensinamentos que vieram de Deus e de Buda, que estão no Mundo Celestial, e propôs que a justiça se limite a fazer o que julgaríamos aceitável que as outras pessoas fizessem. Considerou que os atos de um indivíduo que estiverem baseados em sua própria vontade no mundo dos seres humanos irão se tornar uma máxima ou um princípio subjetivo, que influenciará outras pessoas. Isso passou a ser o ponto de partida da era moderna.

Também entrou em cena uma ideologia, a da teoria do contrato social, formulada por pensadores como John Locke (1632-1704) e Jean-Jacques Rousseau (1712-1778). As pessoas passaram a defender a ideia de que criar um contrato social e vincular a ele a vida das pessoas seria a direção correta. Em outras palavras, os pensadores modernos tentaram criar uma sociedade que não precisasse de Deus ou de Buda.

Como surgiu a moderna reforma política?

Portanto, havia a tendência de as pessoas se afastarem da igreja. Isso provavelmente se deve a fatores como os julgamentos por heresia do período medieval, os conflitos religosos entre protestantes e católicos e várias confusões causadas pela intervenção das igrejas. Colocado de outro modo, a filosofia e a ciência começaram a se separar da religião, para poderem se afastar da igreja. Kant deve ter sido bem consciente disso. Devia estar ciente de que sua concepção era uma tentativa de "decapitar Deus".

Então, veio a Revolução Francesa. Ela foi desencadeada pelas ideias de pensadores como Kant e Rousseau e deu grande impulso à moderna reforma política. Muitas coisas boas vieram a partir disso, sem dúvida. A igualdade e a liberdade ganharam grande impulso. Os indivíduos passaram a ser reconhecidos como entidades independentes, capazes de agir como cidadãos participantes do seu estado-nação ou como sujeitos individuais com direito a soberania. Em comparação com o passado, as responsabilidades, obrigações, capacidades, a autoridade e os direitos atribuídos ao indivíduo tiveram imenso crescimento. Nesse sentido, a reforma teve bons aspectos. Por outro lado, porém, alguns aspectos ficaram esquecidos ou foram deixados de lado. Acredito que esse seja o grande problema que surge a seguir.

Hoje a "justiça do bom coração" está desaparecendo

A filosofia moderna não compreende mais Deus ou Buda. Do mesmo modo, no terreno da ciência, existe uma postura fundamental de negar qualquer mundo que não possa ser visto a olho nu. Isso já dura uns duzentos a trezentos anos. Com isso, a religião passou a ser tratada como uma questão própria da antropologia cultural e da arqueologia. Ou seja, os estudos religiosos são hoje realizados nos mesmos moldes em que são feitas, por exemplo, as escavações de ossos humanos, vasos, sarcófagos e machadinhas de pedra, com comentários do tipo: "Vamos examinar isso do ponto de vista arqueológico" ou "De que modo esses povos viviam sob a perspectiva da antropologia cultural?" Hoje as pessoas muitas vezes julgam que não há mais necessidade de examinar filosofias que têm 2 mil anos de idade, porque se acham mais avançadas e veem todos os povos antigos como primitivos. Mas não é possível afirmar que a filosofia dos séculos XX e XXI, que as pessoas modernas acreditam ser mais avançada, se desenvolveu desde a era de Sócrates e Platão, há cerca de 2 mil anos. Acabou virando matéria teórica, como se fosse um jogo de palavras e símbolos, algo completamente à parte do modo de vida das pessoas. Não podemos afirmar, portanto, que tenhamos necessariamente avançado. Por isso, tenho a impressão de que estamos nos afastando da "justiça do bom coração".

3
Como considerar a justiça nos debates sobre a Constituição do Japão

A interpretação equivocada que os intelectuais fazem do "constitucionalismo"

Em 2015, os grupos de esquerda no Japão recuperaram poder, como ficou evidente no movimento de oposição à instalação de uma base militar americana na província de Okinawa, de Futenma a Henoko, que também contava com apoio da autoridade local. O debate incluía questões relativas à Constituição do Japão. As objeções centravam-se principalmente na questão do Artigo 9 da Constituição.

O Japão renunciou à guerra no Artigo 9 de sua Constituição. Ou seja, não pode se envolver em uma guerra. Também aboliu as forças armadas terrestres, marítimas e aéreas. Isso quer dizer que abriu mão da guerra como método para resolver disputas internacionais. Na realidade, porém, há uma imensa e espantosa contradição nisso.

Ao examinar essa questão, todos defendem com entusiasmo o constitucionalismo, em particular os intelectuais, assim como os típicos jornalistas de esquerda dos jornais e da televisão. Eles dizem o seguinte: "O imperador, o primeiro-ministro, os demais ministros, funcionários e servidores públicos estão todos subordinados ao constitucionalismo. Mas agora estão sendo aprovadas várias leis, baseadas em uma interpretação da Constituição feita pela atual administração, abrangendo leis relacionadas à segurança. Isso não está certo".

Se eu fosse explicar com muitos detalhes, a compreensão dessa questão ficaria difícil, já que nem todos os leitores são especialistas em leis. Portanto, gostaria de apontar o equívoco dessa linha de pensamento da maneira mais simples possível.

Não é a Constituição que submete as pessoas; é o povo soberano que cria a Constituição

Então, onde está o erro? O sentido essencial de "constitucionalismo" é criar uma Constituição e suas respectivas leis e conduzir a política da nação com base nisso. Alguns países são regidos por uma "monarquia constitucional" que, como o termo sugere, mantém o sistema monárquico e ao mesmo tempo o submete a uma Constituição. Em outras palavras, como os monarcas podem facilmente se tornar ditadores, no caso de uma monarquia constitucional a função do monarca fica definida até certo ponto na Constituição. Os limites daquilo que ele pode ou não fazer estão, portanto, claramente definidos.

A Constituição do Japão também tem esse aspecto em certo grau. Ela afirma que o imperador não deve exercer poderes relacionados com o governo. Os atos do imperador em assuntos de Estado também estão claramente definidos; ele não pode fazer nada além das coisas especificadas. Isso mostra que a Constituição do Japão é, pelo menos em parte, uma Constituição que submete o monarca, no estilo de uma monarquia constitucional.

A palavra "constitucionalismo" por si só não significa nada além de "estabelecer uma Constituição". A ideia não vai além de "estabelecer uma Constituição e governar o país com base nela". Por isso, existe a ideia também da "democracia constitucional", isto é, uma "democracia baseada na Constituição estabelecida". Alguns países adotam esse sistema. Entre as nações democráticas, há democracias constitucionais, que têm por base uma Constituição estabelecida.

Surge então a questão: Em uma democracia constitucional, a Constituição pode restringir a democracia? A resposta geralmente aceita é "Não, não pode restringir a democracia". No caso do Japão, a Constituição inclui a noção de soberania do povo. As pessoas são soberanas, e como expressão de sua soberania podem criar uma Constituição e suas leis. Em outras palavras, as Constituições podem ser criadas por meio desse tipo de vontade democrática. Assim, uma Constituição não pode restringir completamente a própria natureza da democracia.

Intelectuais constitucionalistas estão confundindo "constitucionalismo" com "primado da lei"

O constitucionalismo é muitas vezes confundido com o "primado da lei"[5]. Os intelectuais, principalmente, tendem a confundir os dois conceitos. Interpretam o constitucionalismo como o "primado da Constituição", levando a concluir que a Constituição governa tudo. Mesmo intelectuais constitucionalistas, que são especialistas nesse terreno, tendem a usar a palavra "constitucionalismo" nesse sentido de "primado da lei", o que é um grave erro.

Uma Constituição determina a direção e a atitude geral de uma nação. Basicamente, é composta por uma seção que protege os direitos humanos fundamentais e por outra que define a estrutura geral da nação. Quanto à estrutura geral, a maioria das Constituições estabelece a separação dos poderes em três esferas de governo: legislativo, executivo e judiciário. Assim, em termos simples, uma Constituição é composta por uma seção que protege os direitos das pessoas e uma seção que define os princípios de governo.

No entanto, como se trata de um texto abstrato, concentrado em um pequeno número de artigos, a

---

5. No primado da lei, cada questão particular é pensada em termos da lei por base.

Constituição não consegue tratar de especificidades. Por isso, uma Constituição naturalmente tem de ser reinterpretada de acordo com a época e as necessidades, ou então ser moldada concretamente pelo acréscimo de novas leis. Desse modo, seu sentido tem de ser alterado aos poucos com o passar do tempo. Acho que é esse ponto que os estudiosos da Constituição estão errando.

Os intelectuais japoneses tendem a achar que, como ocorre com os "Dez Mandamentos de Moisés", a Constituição deve ser preservada ao longo das eras depois que é estabelecida. Na realidade, porém, não é esse o caso; há sempre espaço para interpretações. Portanto, é basicamente equivocado pensar que a Constituição não deve sofrer ajustes.

A própria Constituição do Japão é inconstitucional

Aqueles que são contra a revisão da Constituição não entendem o conceito de soberania. É aí que está o problema. Fundamentalmente, eles não têm ideia do que é soberania.

Nesse sentido, a atual Constituição do Japão é inconstitucional. Em outras palavras, o Artigo 9 da

Constituição não permite que o Japão mantenha forças militares terrestres, marítimas ou aéreas, nem que use a guerra como método para resolver disputas internacionais. Assim, literalmente, o que está escrito é que no país chamado Japão seu povo soberano não pode se proteger mesmo que queira fazê-lo.

Colocado de maneira direta, o Artigo 9 viola a soberania do povo, mas o povo que é contra a revisão da Constituição não enxerga isso. Ou seja, existe um aspecto explícito da Constituição que contradiz a maneira de uma nação soberana pensar. Eles deveriam refletir melhor sobre isso.

Portanto, hoje as pessoas de esquerda no Japão com frequência falam em "constitucionalismo", e os termos "constitucionalismo" e "esquerda" vêm sendo usados quase indistintamente, mas isso é um erro. "Constitucionalismo" significa dirigir uma nação com base em uma Constituição, e não tem o mesmo sentido de "primado da lei".

4
Os perigos da "nomocracia" e do "primado da lei"

O oposto da nomocracia é o "governo por virtude"

O "primado da lei" é uma abordagem muito próxima da ideologia da nomocracia (sistema de governo baseado num código de leis). Algumas pessoas acreditam que a nomocracia e o fato de uma nação se orientar pelo primado da lei são coisas positivas. A nomocracia na realidade expressa a ideia de que "somos governados pela lei".

Isso é muito similar às regras de uma escola. Embora tratem de vários assuntos específicos, sempre surgem problemas individuais de todo tipo. Portanto, o diretor, o vice-diretor e os professores têm de exercer seu próprio julgamento em cada caso. Em outras palavras, têm de julgar se determinado comportamento viola ou não as normas escolares. Do mesmo modo, a nomocracia tampouco é onipotente, pois na realidade não se pode submeter tudo à lei.

Vou explicar melhor. A "nomocracia" foi um termo criado para indicar o oposto da ideia de "primado da virtude". Surgiu, portanto, como um conceito para refutar o "primado da virtude".

Eu costumo destacar a importância do primado da virtude em meus ensinamentos. No início do século VII, no Japão, o príncipe Shōtoku promulgou a Constituição dos Dezessete Artigos. Alguns intelectuais alegam que ela não pode ser considerada uma Constituição ou uma lei porque se baseia no primado da virtude. Mas na era moderna podemos dizer também que o presidente Lincoln governou segundo o primado da virtude. Além disso, a Constituição dos Estados Unidos da América inclui o conceito de "missão como humanos criados por Deus", que expressa o primado da virtude.

Por outro lado, pense no que aconteceria se surgisse um líder com uma compreensão apenas superficial dos humanos. Ele poderia se achar capaz de governar o mundo e regulamentar o estilo de vida das pessoas simplesmente pelo poder da razão, que controla a civilização mecanizada e os robôs. Mas nesse caso, infelizmente, teríamos uma sociedade vivendo um cotidiano que não é de bom coração.

A nomocracia pode se tornar perigosa se for levada longe demais

Em geral, a nomocracia é boa. É como as leis de trânsito, que são bem claras. Seria um caos se cada um dirigisse à sua maneira. Mas, se a nomocracia não for aplicada com cuidado, pode tolher a liberdade das pessoas, tornando-as incompetentes ou infelizes. Encontrar esse equilíbrio é muito difícil.

Por exemplo, o presidente chinês Xi Jinping acredita no legalismo, isto é, na ideia de que as leis estabelecidas são onipotentes e que as pessoas devem se pautar por elas. Ao que parece, ele está hoje baseando sua liderança da China no modelo de Han Fei (280-233 a.C.), o homem que escreveu o livro *Han Feizi*, e em Shang Yang (390-338 a.C.), o líder que fundou uma nação com base no legalismo.

No entanto, a prioridade que Shang Yang deu às leis foi tanta que acabou sendo executado em função das próprias leis que havia estabelecido. Deu-se maior peso às leis do que ao próprio autor delas, e este então foi morto com base nas próprias leis. No final do século XIX e início do século XX, ocorreu um caso semelhante no Japão. Se há pessoas assim, então precisamos ter cuidado com esse tipo de pensamento extremista.

É claro que podem ocorrer problemas similares quando um ditador elabora as leis. Mas seria revoltante se toda a população, mesmo sendo soberana, fosse morta por ter desrespeitado uma lei que ela própria tivesse criado. Se existe risco de que isso aconteça, é a lei que deve ser mudada. Por isso a nomocracia não pode ser levada a extremos.

Mais leis restringindo a liberdade deixam a vida menos prática

Em geral, o primado da lei é válido. O melhor aspecto da lei é que ela propicia advertências do tipo: "Se você agir assim, isso será considerado um crime" ou "Se fizer isso, será multado". Em disputas com os outros a respeito de direitos, você será advertido antecipadamente: "De acordo com o Código Civil, você é que vai ser prejudicado se fizer tal coisa". Assim, a lei pode ser muito útil para prevenir disputas. Mas você não deve esperar que tudo funcione desse modo. Particularmente, o legislativo japonês só fica criando leis. Por isso, quando olho hoje para o *Volume Completo dos Seis Códigos* e o comparo com o dos meus anos de estudante, vejo que aumentou tanto de tamanho que é até difícil carregá-lo. É tão volumoso que não dá mais para ler de uma só assentada; é como uma enciclopédia. Fico até preocupado se existe alguém capaz de decorá-lo inteiro.

Há um número crescente e excessivo de leis; então, as que não são mais necessárias devem ser abolidas. Mas é quase impossível fazer isso, porque elas não são legislação provisória. Portanto, o número de leis só cresce, é realmente um incômodo. Do mesmo modo que vivo dizendo que é melhor haver menos impostos, também seria muito bom reduzir o número de leis, porque elas limitam a vida dos humanos.

Como declara o economista Friedrich Hayek, as leis são como pilares nos quais você não pode bater. Você pode circular livremente, desde que não esbarre neles, em outras palavras, desde que viva dentro do âmbito da lei. Ou seja, as leis que se destinam a assegurar a liberdade são ótimas, mas criar leis que sirvam apenas para restringir a liberdade obrigará a viver uma vida menos prática, o que é péssimo.

Não podemos permitir que as leis sobrevivam e as pessoas desapareçam

Não estou me opondo à maneira como as nações modernas funcionam, centradas na lei. Mas também é fato que a lei não é onipotente. Ao mesmo tempo, embora existam leis e instituições internacionais que podem eventualmente intervir, também é fato que, sem um poder que garanta a aplicação das regras, alguns países simplesmente não irão segui-las. Nesse sentido, há ocasiões em que o Japão precisa tomar decisões corajosas.

A administração Abe submeteu os projetos de lei sobre segurança ao Congresso[6]. Do ponto de vista da esquerda, essas leis equivalem a "leis de guerra". Portanto, a esquerda está tentando evitar que essas leis sejam sancionadas e insiste que o "processo adequado" seria primeiro rever o Artigo 9 da Constituição. É uma alegação correta como argumento lógico. Mas o governo está tentando implantar uma legislação que estabeleça um sistema capaz de proteger a nação mesmo no caso em que a reforma da Constituição não dê certo.

É claro que a Constituição faz parte da estrutura do estado do Japão, mas acredito que é natural que as pessoas, que são o alicerce da autoridade legislativa, levantem objeções ou façam modificações no que se refere a casos que podem vir a transtornar sua vida, sua segurança e sua propriedade. É como se fosse um "direito à revolução" ou um "direito a instituir uma emergência nacional".

---

6. Em 19 de setembro de 2015, a Câmara dos Conselheiros do Japão aprovou diversas leis, entre elas as que permitem o exercício do direito coletivo de autodefesa.

Suponha que aconteça alguma coisa que obrigue todos a irem para um campo de concentração do tipo Auschwitz, para serem mortos. Algo estaria realmente errado se não se pudesse fazer nada para evitar isso. Não podemos permitir que as leis sobrevivam e que as pessoas desapareçam. De qualquer forma, se a retidão não for estabelecida e o mundo for coberto pela injustiça, então poderá ocorrer algum desastre natural como reação[7]. Devemos fazer tudo o que estiver ao nosso alcance como seres humanos para evitar tais situações.

No momento, a China começa a assumir uma posição levemente conciliatória em relação ao Japão, mas sua intenção de invadir países estrangeiros é óbvia; ela está tentando ocupar um recife de coral nas ilhas Spratly para construir uma pista de pouso de 3 quilômetros. Os Estados Unidos estão fazendo sérias restrições a essa intenção, e, se as coisas continuarem desse jeito, provavelmente haverá um conflito. Isso levou a China a iniciar essa aproximação com o Japão. Alguns países só cedem quando se sentem ameaçados; portanto, o Japão não deve se prender às suas maneiras convencionais de pensar.

---

7. Refere-se à palestra de Ryuho Okawa *Dai-shinsai Yochou* (*Palestra sobre os sinais de um Grande Terremoto*, IRH Press Tóquio, 2015).

5
Como a justiça é definida no mundo

As duas principais tendências que se confrontam no mundo

Na realidade, há duas grandes tendências que se confrontam no mundo atual. Uma delas está centrada nos Estados Unidos, composta por países que querem apoiar e difundir as ideologias da democracia, do liberalismo, dos direitos humanos fundamentais e da economia de mercado. A outra força compreende países que iriam se sentir prejudicados se essas ideologias se difundissem pelo mundo todo, porque sua maneira de pensar e seus métodos são diferentes. Há uma batalha entre essas duas forças.

Por exemplo, alguns países não ficariam satisfeitos se a democracia lhes fosse imposta. A designação oficial desses países pode conter expressões como "democrático" ou "república popular", mas não refletem a realidade do que ocorre dentro deles. A Coreia do Norte e a China afirmam ser democracias, mas é uma "democracia que pode executar pessoas a qualquer momento", o que é assustador. Uma forma de governo só de nome não adianta nada. Além disso, esses países não garantem os direitos humanos fundamentais.

Apesar de os Estados Unidos apontarem isso, estão sofrendo um contra-ataque na mesma moeda. Recentemente, houve vários incidentes de disparos em negros, acentuando problemas relacionados ao racismo. Então, os americanos também têm de refletir a respeito disso.

A propósito, quando estudei ciência política internacional, tive a impressão de que os americanos acreditam que os países democráticos não fazem guerras. Parece que não têm consciência do que estão realmente fazendo. Em ciência política internacional, ensina-se nos Estados Unidos que as nações democráticas não promovem guerras. Ou seja, a lógica dos americanos é que os Estados Unidos só se envolvem em guerras de autodefesa, e é esse tipo de guerra que travam em escala global. Mas, segundo sua maneira de pensar, democrático significa não promover guerras. A Happy Science discorda nesse ponto, mas como os Estados Unidos têm essa concepção, então precisamos de algum modo incentivá-los a corrigir esse pensamento.

No mundo islâmico, por outro lado, as punições são severas demais para os crimes de fato cometidos, pelo menos na perspectiva do liberalismo, da democracia e da proteção dos direitos humanos fundamentais. Há casos em que as pessoas têm seus membros cortados, um após o outro, para cada crime cometido; a mão direita, a perna esquerda, e assim por diante. Houve também o caso de uma princesa de um país islâmico que se apaixonou no Reino Unido e, ao voltar para casa, foi parcialmente enterrada dentro de um buraco e apedrejada até a morte. Punições assim são severas demais. O comportamento dela pode ter sido contrário à cultura islâmica, mas tais punições passam dos limites. Sem dúvida, é preciso melhorar a interpretação que se faz dos direitos humanos fundamentais.

Além disso, quanto à economia de mercado, até a China e a Rússia estão em vias de se tornar economias de mercado. Essa tendência não pode mais ser revertida.

Quando não aceitamos a existência de aspectos que transcendem este mundo, erros acontecem

De qualquer forma, saiba que existem essas duas tendências em choque: a que se concentra em torno dos Estados Unidos e a que se opõe a eles. Basicamente, considero que acompanhar a tendência centrada nos Estados Unidos é o bem e, portanto, a justiça. Mas ao mesmo tempo sinto que também falta alguma coisa nessa tendência.

Como mencionei, falta promover a ideia de que "Deus e Buda existem" e que "Os humanos são seres espirituais dotados de uma alma, que passam por treinamento nesse mundo, mas são originalmente do outro mundo, chamado Mundo Real". Se houver uma infiltração de ideias que rejeitem essas duas como se fossem meras ilusões e superstições de tempos antigos, ela deve ser considerada equivocada.

Por exemplo, a atitude de buscar apenas a felicidade neste mundo pode levar à ideia de "utilitarismo[8]" defendida pelo filósofo britânico Jeremy Bentham (1748-1832). Interessante notar que na tradução japonesa do livro de Jeremy Bentham consta a expressão *kōfuku-no--kagaku* (ciência da felicidade), como é chamada a Happy Science em japonês. Portanto, a expressão "Happy Science" já existia, não é algo só do presente.

Por *kōfuku-no-kagaku*[9] Bentham indicava que a felicidade pode ser calculada. Ou seja, que há um cálculo para a felicidade em termos deste mundo e que, usando a fórmula apropriada, é possível determinar o que precisa ser feito para se chegar à maior felicidade para o maior número de pessoas. Segundo essa ideia, o cálculo utilitário permite calcular a felicidade, e

---

8 Doutrina que avalia o valor de uma coisa observando o quanto ela é útil.

9 Embora a tradução literal em japonês seja "ciência da felicidade", essa expressão usada por Bentham, que no original em inglês é *felicific calculus*, foi traduzida para o português como "cálculo utilitário".

constitui uma abordagem para aumentar a quantidade total de felicidade neste mundo usando uma fórmula matemática.

Essa ideia, porém, nega a existência do outro mundo. Embora seja positivo que este mundo se torne um lugar melhor, se você não aceitar a existência de aspectos que transcendem este mundo, erros vão acontecer.

Eliminar as disparidades econômicas acabará com a liberdade

Essencialmente, os cálculos utilitários de Bentham lidam mais com assuntos políticos e econômicos. Suas ideias se desenvolveram para o conceito de "uma pessoa, um voto", na arena política, e de "corrigir a desigualdade de renda", na esfera econômica.

Por exemplo, há um ponto de vista que afirma: "Se você compara a soma da riqueza dos 10% mais ricos de um país com os 10% que ganham menos, então em muitos lugares verá uma disparidade econômica de cerca de dez para um. Portanto, reduzir essa desigualdade é a justiça". Thomas Piketty sustenta essa ideia, assim como o filósofo político americano John Rawls.

Na realidade, porém, as disparidades econômicas não podem ser totalmente eliminadas, pois isso irá acabar com a liberdade. É claro que a assistência social é necessária em certa medida. É verdade que as pessoas precisam de algo que lhes garanta o direito básico à sobrevivência ou que assegure sua subsistência.

No nível internacional, o grau de disparidade em poder econômico pode ser até maior do que 100 para 1. O que aconteceria se as pessoas achassem essa disparidade injusta e o Japão decidisse aceitar 100 milhões de imigrantes, mais ou menos o equivalente à sua população atual, provenientes dos países mais pobres do mundo? Se aceitasse isso, sem dúvida o Japão mergulharia no caos. Para receber imigrantes, precisaria realizar estudos por etapas sobre, por exemplo, o grau de educação e o tipo de emprego que lhes poderia ser oferecido; caso contrário, o nível econômico do Japão cairia de maneira abrupta. Por isso, esse tipo de estudo é fundamental.

Será que a paridade "uma pessoa, um voto" é realmente justa?

Em termos de eleições políticas, hoje o sistema japonês está se aproximando dessa paridade "uma pessoa, um voto". De certa maneira, ela pode ser considerada "igualdade", mas é questionável se isso é de fato justo ou não.

Colocado de outra forma, não importa se a pessoa é um pesquisador vencedor do Prêmio Nobel, um especialista em ciência política ou alguém que não se acerta em nenhum emprego; no sistema "uma pessoa, um voto" todo indivíduo dispõe apenas do poder que lhe é conferido por seu único voto. Isso é questionável.

Por exemplo, aqueles que pagam muito imposto e acabam tendo que dar metade de sua renda para o fisco podem alegar que merecem ter pelo menos dois votos. Seus sentimentos são bastante compreensíveis do ponto de vista da justiça. Essas pessoas podem pensar: "As centenas de milhares de dólares que eu paguei estão sendo usadas pelo governo. Projetos de saneamento são implantados com o dinheiro que eu paguei, e ruas são construídas com o dinheiro do meu imposto também. Mas como há apenas um voto para cada pessoa, o meu voto pesa tanto quanto o de alguém que sequer trabalha. Alguma coisa está errada". Eu posso entender esses sentimentos, e sem dúvida é questionável se o sistema "uma pessoa, um voto" é de fato justo. Não obstante, em termos quantitativos, ele é "igualitário".

Do ponto de vista econômico, se tudo for igualado, o resultado será uma economia totalmente socialista, e a ditadura militar é o único governo que talvez possa operar um sistema assim. Portanto, apesar de ser difícil, é importante elevar o nível do segmento mais baixo. No entanto, se o apoio fica excessivo e as pessoas se acostumam a receber subsídios, cada vez haverá mais pessoas desestimuladas a trabalhar, e as pessoas do nível mais alto também perderão a motivação. Como resultado, o país como um todo irá declinar. Essa não é a melhor direção a seguir. Assim, é vital abrir caminho para as pessoas que querem trabalhar duro e progredir.

Por outro lado, é preciso oferecer também certo nível de ajuda às pessoas que necessitam de acolhimento imediato, e ao mesmo tempo incentivá-las a voltar a se sustentar com os próprios meios. Esse é o caminho mais desejável. Nesse sentido, precisamos pensar em todas as possibilidades de oferecer às pessoas igualdade de oportunidades. Mas, quando se trata da igualdade de resultados, se ela se torna grande demais é um problema, porém também é praticamente impossível se livrar da disparidade.

Sem sucesso econômico, não haverá dinheiro disponível para fazer investimentos. Como resultado, a economia como um todo irá encolher e declinar. Foi o que aconteceu no Reino Unido. O Partido Trabalhista ficou forte, e isso desacelerou drasticamente o desenvolvimento do país após a Segunda Guerra Mundial. Ao final da Primeira Guerra, a Grã-Bretanha ainda era a maior potência mundial, mas hoje o consenso é de que em algumas áreas está cinquenta anos atrás do Japão.

A razão disso é muito clara. Após a Segunda Guerra Mundial, o governo oscilou entre o Partido Trabalhista e o Partido Conservador, e isso debilitou muito sua estrutura política, afundando a economia. Essa é uma coisa que precisa ser levada em conta com muito cuidado.

"Justiça no nível pessoal" e "justiça para o todo"

Falando em termos gerais, um mundo onde as pessoas possam se esforçar no sentido de despertar como filhos de Deus ou de Buda é o mais desejável no nível pessoal. Já para o todo, é importante criar uma sociedade que permita a pessoas de várias origens, independentemente de seu nível de desenvolvimento, continuarem alimentando seus sonhos de criar uma utopia.

Além disso, deter o que é intencionalmente mau não vai contra a Vontade do Mundo Celestial. Embora um ataque invasivo não seja aceitável, acredito que, enquanto a humanidade não superar seus aspectos bárbaros, ter forças de intimidação para propósitos defensivos é algo necessário no momento atual.

Mensagem a você ④

O "DIREITO DE SILENCIAR" DOS MEIOS DE COMUNICAÇÃO PODE ARRUINAR UM PAÍS

Um problema da literacia midiática[10]
É o "direito de silenciar",
Do qual os meios de comunicação fazem uso.
Embora ninguém venha destacando isso
E não esteja escrito em nenhum manual
Ou obra de referência,
O principal problema da relação
Entre a sociedade democrática e
Os meios de comunicação
É o direito que estes têm de silenciar.

Em outras palavras, se eles permanecem em silêncio
Em relação a determinado fato,
Então, esse fato na prática não existe.

---

10. Literacia midiática: capacidade de interpretar por si só as diversas informações que cada meio de comunicação emite, como os jornais, a tevê e a internet.

Se a edição noturna do jornal e as estações de televisão
Mostram imagens de uma manifestação
Contra as "leis sobre a guerra"
Com as pessoas segurando faixas,
Então, essa passeata de fato existe,
E você tem a impressão de que
Os cidadãos estão contra essas leis,
Mesmo que a manifestação reúna
Apenas quatrocentas pessoas.
Por outro lado, se a tevê e os jornais não cobrem
Uma manifestação com milhares de pessoas
Defendendo a posição contrária,
Então, a manifestação praticamente não existe.
Os meios de comunicação usam esse direito de silenciar
Segundo critérios próprios
Sem que haja ninguém para supervisionar isso.
Ninguém verifica o que determinada estação guardou
em silêncio, ou que parte de um fato ela escondeu.

Os defensores do Partido da Realização da Felicidade (o partido político da Happy Science), realizaram uma manifestação exigindo que o governo voltasse atrás com o discurso marcando o 70º ano pós-guerra, no qual abordou uma visão masoquista da história do Japão. Embora o ato tenha reunido milhares de pessoas, os meios de comunicação ignoraram este evento.

Esse direito de silenciar na realidade concentra
Uma autoridade gigantesca.
Por exemplo, se você ler jornais diferentes,
Num dos jornais, uma notícia pode
Ocupar a primeira página inteira,
Já em outro, a mesma notícia vira uma pequena nota
Em alguma página interna.
Outro jornal pode até cobrir esta notícia
Com um dia de atraso.
Portanto, percebe-se muito bem que
Os jornais lançam mão de diversas técnicas.
Mesmo com relação a anúncios,
Tratam de diferentes formas.
Alguns não os publicam e outros os alteram.
Precisamos pesquisar melhor esta parte da
Literacia midiática.
Caso contrário, não será possível desenvolver
Uma forma correta ou saudável de democracia,
E o país será arruinado.

Trecho da seção "Perguntas e Respostas"
de *O Princípio da Justiça*

Capítulo 5

A grande virada na história da humanidade

~ O que o Japão precisa fazer para
se tornar líder mundial ~

1

O poder da sabedoria exigido em nossos dias

O que eu sinto agora, na 25ª Festividade Natalícia[1]

Este capítulo é uma transcrição da palestra que proferi em 7 de julho de 2015, às 7 horas da noite, na Festividade Natalícia. Foi a primeira vez em muitos anos que o evento caiu em data contendo três números sete seguidos, e senti uma vibração muito boa[2].

Na realidade, no Céu, o número sete simboliza completude, e é também o número da vitória. Portanto, ficaria muito feliz se esse "777" ficasse gravado no coração das pessoas não só como a data da Festividade Natalícia, mas também como o número da vitória neste mundo.

A Festividade Natalícia começou em 1991 e esta palestra marca o 25º aniversário desse evento. Pedi à minha equipe que não mencionasse nem fizesse constar nada por escrito sobre a minha idade nos folhetos explicativos, já que sinto que meu espírito ainda per-

---

1. Nesta festividade, comemora-se o nascimento do mestre Ryuho Okawa.
2. O autor nasceu em 7 de julho de 1956, aproximadamente às 7 horas da manhã.

manece mais ou menos com a idade de 40 anos e não concordo com a ideia vigente em nossa sociedade de que existe uma "idade da aposentadoria". Não gosto que minha idade continue aumentando a cada ano; prefiro que continue a mesma.

No Céu, você tem a liberdade de definir sua idade. Portanto, pode ser jovem ou velho, como quiser. Neste nosso mundo, estamos coagidos, pois só podemos ir numa direção, avançando sempre em idade. Mas pretendo fazer o maior esforço para me opor a isso e concluir o máximo de trabalho possível.

Com a ajuda de muitos, quero levar as Leis a todas as pessoas do mundo

Eu disse que essa foi a nossa 25ª Festividade Natalícia; na realidade, foi também o 25º aniversário de nossa aprovação oficial como organização religiosa. Embora eu tenha dado o melhor de mim durante todo esse tempo, do ponto de vista da minha missão, acho que fiz pouco. E sinto muito por isso.

Só consegui proferir cerca de 2.300 palestras e escrever apenas 1.902 livros [até o momento dessa palestra]. Nesse ritmo, a Verdade não conseguirá chegar a todas as pessoas do mundo. Além das palestras em japonês, o máximo que consigo é ministrar palestras em um inglês vacilante, mas, como ocorre com a maioria das pessoas, se me dedico muito ao inglês esqueço as outras línguas, e, se estudo muito as outras línguas esqueço o inglês. Infelizmente, nesse ritmo muito lento não será possível que todas as pessoas do mundo ouçam da minha própria boca o evangelho que prego, enquanto eu estiver vivo. Preciso do apoio de muita gente, e, mesmo que de modo indireto, quero difundir as Leis para o mundo inteiro. Ficaria feliz se cada um pudesse divulgar mesmo que fosse uma parte dos meus ensinamentos, aquela que julgar mais importante.

No nível internacional, a Happy Science se expandiu muito, mas infelizmente temos insuficiência de funcionários e de filiais para acomodar esse crescimento. Além disso, como cada país tem sua própria cultura e seu perfil educacional, deparamos com algumas dificuldades para transmitir a Verdade. Vemos que muitas pessoas estão enfrentando situações difíceis, antes mesmo que possamos começar a transmitir-lhes os ensinamentos. Elas têm qualidade de vida precária ou, então, estão tentando sobreviver em meio a conflitos. Suas condições ainda são muito inadequadas para permitir a recepção de conhecimentos de alto nível. Isso significa que, mesmo que esta palestra tenha sido transmitida por satélite simultaneamente para vários países ao redor do mundo, há uma grande disparidade em relação a quanto cada ouvinte consegue compreender dos meus ensinamentos.

O tipo de sabedoria que você constrói é muito importante

Costumo dar palestras tendo como foco o Japão, portanto espero que o povo japonês entenda que sua responsabilidade é muito maior em comparação com a dos povos de outros países. Foi por isso que nasci nesse país.

O Japão tem hoje o terceiro maior PIB do planeta, mas ainda há diversos aspectos duvidosos para se tornar um líder mundial, e que esteja de fato preparado para desempenhar esse papel. Assim, como eu ainda não tenho força suficiente, o país também mostra insuficiência.

Quando digo "força" não me refiro apenas a "poder", mas também a "sabedoria". O mundo está em grande tumulto e confusão por falta de sabedoria. Se você tem uma clara sabedoria, pode tomar decisões. E se for capaz de tomar decisões, as coisas vão se resolvendo. A esse respeito, o tipo de sabedoria que você consegue construir é extremamente importante. Esse é o primeiro aspecto que eu quero abordar.

2
Uma revolução espiritual que encoraje as pessoas a uma grande mudança de perspectiva

As duas maiores correntes de pensamento do mundo

A Happy Science iniciou suas atividades centrada na reforma religiosa e na revolução religiosa. A principal delas é a revolução espiritual. Em poucas palavras, revolução espiritual significa incentivar as pessoas a se reconhecerem em primeiro lugar como seres espirituais. Também significa encorajá-las a viver cada dia examinando seu modo de vida a partir desse ponto de vista. Essa será a grande mudança de perspectiva, a maior reorientação que irá ocorrer nas pessoas, na sua maneira de viver como seres humanos.

Existem hoje duas grandes correntes de pensamento no globo. Uma delas é composta por aqueles que acreditam que esse mundo material é o único que existe. A outra é a daqueles que têm fé e acreditam na existência de Deus, de Buda, de anjos, Tathagatas, Bodhisattvas e espíritos elevados. Cada país está em algum ponto entre essas duas grandes correntes de pensamento. Esta é a situação atual do planeta.

E o Japão, em que ponto se situa? Nesses setenta anos após o país ter perdido a Grande Guerra do Leste Asiático[3] (Guerra do Pacífico), na Segunda Guerra Mundial, o Japão se recuperou economicamente, mas não se reabilitou o suficiente em termos de atitude mental. Infelizmente, é essa a atual situação do Japão.

Eu nasci onze anos depois do final da guerra, em 1956. Considerando a época em que nasci, posso ver claramente que vim com o objetivo de liderar a recuperação e a prosperidade do Japão e, por meio dessa recuperação e prosperidade, estender uma mão para a salvação do mundo.

O real significado da Grande Guerra do Leste Asiático

Gostaria de dizer algumas palavras sobre as visões da história que as pessoas têm sustentado durante esses setenta anos, desde a Segunda Guerra Mundial. Na atual opinião pública no Japão, predomina uma visão masoquista da história, com os cidadãos acreditando que o Japão fez coisas terríveis durante a guerra; o período

---

3. A Grande Guerra do Leste Asiático ou Guerra do Pacífico (1941-1945) é o nome com que ficou historicamente conhecido o conflito armado entre o Japão, os Estados Unidos, a Grã-Bretanha, a China e seus aliados durante a Segunda Guerra Mundial ocorrido no oceano Pacífico e suas ilhas e no Sudeste Asiático.

pós-guerra começou refletindo sobre isso. Os indivíduos da geração mais velha têm esse tipo de pensamento. Acreditam que foi assim que o Japão se tornou capaz de progredir durante esses setenta anos, portanto sentem a necessidade de preservar esse modo de pensar.

É claro, a autorreflexão em si não é uma coisa ruim. Mas, nesse caso, os japoneses tenderam a se atormentar e com frequência causaram a si mesmos muito sofrimento e infelicidade. Tenderam a assumir um perfil negativo, o que os impediu de serem proativos em relação aos outros e de se mostrarem altruístas. É inegável que há muito tempo aderiram a esse "pacifismo de um só país", que na realidade trabalhou de maneira positiva para promover o bem-estar de uma pequena nação.

No entanto, se considerarmos o quanto os japoneses progrediram nos 150 anos desde a Restauração Meiji[4] e também que o país tem uma história ininterrupta de mais de 2 mil anos, essa visão masoquista que foi mantida nos últimos setenta anos não tem razão de ser. Afinal, deve haver uma missão mais adequada a uma nação com toda essa capacidade.

---

4. A *Restauração Meiji* designa um período de renovações políticas, religiosas e sociais profundas que ocorreram no Japão entre 1868 e 1900; esse movimento transformou o Império do Japão num estado-nação moderno, resultando no fim do xogunato e no restabelecimento do poder imperial.

É muito difícil confirmar fatos que ocorreram no passado. Provavelmente haverá muitas opiniões e muitos fatos novos virão à tona. Mas, como líder religioso, eu venho me atendo a um ponto sem ceder: a Grande Guerra do Leste Asiático não foi responsabilidade apenas do imperador japonês, que era o chefe de estado segundo a velha Constituição, nem dos políticos e soldados japoneses que teriam ignorado o imperador e fugido do controle. Os deuses xintoístas japoneses tinham o objetivo claro de libertar as colônias do mundo. Quanto a esse ponto, não vacilei nem um pouco. É a única maneira de pensar a respeito desse assunto. A luta aconteceu sob esta causa.

Mais de 3 milhões de japoneses morreram durante a Segunda Guerra Mundial. Não obstante, é fato que sua luta serviu como um grande impulso para que as colônias da Ásia e da África conquistassem a independência após a guerra. Para o Japão, esse provavelmente não foi o resultado perfeito, mas, para o mundo, trouxe uma realidade melhor. Esse também é um aspecto da verdade.

O termo "paz" tem um sentido diferente para cada país

No Japão, a opinião pública ainda está em discussões acaloradas, oscilando entre a direita e a esquerda. Não é minha intenção criticar quem toma partido de um dos lados, nem pretendo afirmar que as pessoas que não conseguem entender a vontade divina sejam inferiores. É muito difícil tomar decisões vivendo como humanos neste mundo, porque tudo tem aspectos bons e ruins, um lado positivo e outro negativo. Cabe a cada pessoa escolher a partir das muitas opções, mas é fato que isso é uma tarefa difícil. Portanto, não tenho intenção nem de negar tudo nem de aprovar tudo.

Dito isto, o Japão precisa tomar uma decisão que garanta a continuidade do seu futuro. As ações e o modo de vida japoneses também devem ser um exemplo para as pessoas de outros países. Devem servir de guia. Acredito ser esta a missão atribuída agora ao Japão.

Recentemente, a administração Abe, liderada pelo Partido Liberal Democrata, debateu a legislação sobre segurança nacional no Parlamento e tentou uma reavaliação do Japão pós-guerra. Isso gerou debates acalorados no Parlamento, na opinião pública e na mídia. Acho ótimo que haja opiniões diferentes; precisamos discutir esses assuntos em profundidade para chegar a uma conclusão que não nos traga arrependimento.

Mesmo assim, gostaria de fazer uma observação. A palavra "paz" tem múltiplos sentidos. Alguns países interpretam o sentido de paz de maneira similar ao que fazemos no Japão, mas há países para os quais a paz tem o sentido de obter benefícios ou de ganhar poder à custa de outros países. É preciso conciliar as diferenças dessas opiniões no nível internacional.

Além disso, mais do que simplesmente concentrar a discussão entre os humanos, acho importante saber o que os deuses no Céu acham. Vamos pegar, por exemplo, o juiz indiano Pal (ver Figura 6). Embora não fosse japonês, em suas mensagens espirituais ele disse bem mais coisas do que um japonês teria dito. Seus comentários foram muito favoráveis ao Japão, o que me fez sentir verdadeiramente grato. Elogiou tanto os japoneses que parte do que disse nos deixou tensos e reclusos de embaraço. Os japoneses precisam refletir para ver se de fato merecem essas avaliações sobre seus padrões morais.

Figura 6.
Uma foto do juiz indiano Pal (no Monumento Honorário no Santuário Yasukuni), o único a defender que os acusados não foram culpados no Tribunal Militar Internacional para o Extremo Oriente (ou Tribunal de Tóquio). Em sua mensagem espiritual, ele comentou que o Japão tem sido uma força de liderança no Oriente, e que deveria ser o líder do mundo. Ver *The Truth about WWII: Justice Pal Speaks on the Tokyo Trials* ("A Verdade Sobre a Segunda Guerra Mundial: o Juiz Pal Fala sobre o Tribunal de Tóquio", Nova York: IRH Press, 2015).

3
Compreender o conflito no sistema de valores do mundo

As difíceis situações que os Estados Unidos, como superpotência mundial, enfrentarão a partir de agora

O que podemos fazer no presente momento é decidir como iremos preparar o caminho para o futuro e em que direção devemos levar o mundo. Por exemplo, no final da década de 1990, muitos sustentavam a opinião de que o século XXI seria o século dos Estados Unidos e que sua superioridade seria garantida por mais de cem anos; portanto, só precisaríamos seguir a única superpotência, os Estados Unidos. Uma década depois, porém, a situação mundial mudou: em vez da superioridade de um país, temos hoje várias potências em cena. Essa mudança no mundo é bem complexa e é difícil fazer previsões.

Do ponto de vista dos Estados Unidos, considera-se também que será bastante desafiador para o país continuar como superpotência. O presidente Obama, por exemplo, falou em "igualdade" em seu discurso de posse, e os Estados Unidos finalmente legalizaram o casamento gay, aprovando leis sobre a união de pessoas do mesmo sexo. O país celebrou o fato de homossexuais e heterossexuais passarem a ser tratados igualmente como "uma grande vitória", e a Casa Branca foi iluminada com as cores do arco-íris.

Isso, sem dúvida, é uma bênção para determinada porcentagem de pessoas que são ou que têm sido discriminadas, e acho muito importante dar atenção a essa minoria no mundo, para que não sofra. Mas, por outro lado, também acredito que, como afirmam os deuses xintoístas, se o casamento entre pessoas do mesmo sexo se tornar a tendência principal nesta era, a civilização chegará ao seu fim. Considero essa afirmação também como um aspecto da Verdade.

É importante proteger os direitos das minorias, mas, se o número de homossexuais crescer e eles se tornarem a maioria, a civilização irá declinar. Esse desfecho é inevitável, porque não haveria sentido para homens e mulheres nascerem na Terra e não haveria nenhum propósito em deixar descendentes. Esse é um grande problema que os Estados Unidos irão enfrentar a partir de agora.

Além disso, o país tem o problema de ser uma sociedade armada. Muitas pessoas são mortas em diferentes localidades por haver uma permissão geral de porte de armas; não podemos fazer o mesmo. Isso se aplica também às drogas na sociedade americana. Entendo que os Estados Unidos sejam uma sociedade com alto nível de estresse devido à competitividade exagerada, mas uma sociedade onde as drogas são disseminadas a ponto de as pessoas poderem consumi-las com a mesma facilidade com que se fuma um cigarro é uma sociedade doente.

Há também a questão do racismo, que está ligada aos pontos de vista já mencionados sobre a guerra. O racismo ainda é muito arraigado nos Estados Unidos, portanto sinto que o país não refletiu o suficiente a esse respeito. Em algum momento, os americanos terão de pensar melhor sobre seu histórico de discriminação racial, que já se arrasta há séculos.

Portanto, não podemos aceitar tudo o que os Estados Unidos fazem só pelo fato de se tratar de um país desenvolvido. Podemos aceitar algumas coisas, mas outras, não. No tempo em que a civilização chinesa era mais avançada que as demais, havia algumas coisas que a sociedade japonesa aceitava da China, e outras que não eram aceitas. Do mesmo modo, há maneiras de pensar muito bem aceitas em certos países, mas que é melhor não se difundirem em outros.

A frustração alemã em relação às compensações pela crise financeira da Grécia

Ao observarmos o mundo atual, prevemos tempos muito difíceis na política internacional. Por exemplo, a Grécia quase deu o calote em sua dívida em julho de 2015, mantendo o debate se deveria ou não permanecer na União Europeia.

A Grécia tem um poderio econômico 24 vezes menor que o do Japão. A economia da Grécia tem uma dimensão que permitiria ao Japão intervir para auxiliá-la imediatamente, se quisesse. Mas há divergências na União Europeia, e na realidade o que se discute é como acomodar as diferentes maneiras de pensar envolvidas.

Segundo um economista especializado em finanças internacionais, quando os gregos se aposentam, mesmo que aos 50 anos de idade, eles têm direito a receber uma pensão equivalente a 75% do seu salário à época da aposentadoria[5]. Ou seja, podem então viver o resto da vida tranquilamente, o que é maravilhoso para o povo grego.

No entanto, essas pensões são pagas com dinheiro emprestado de outros países europeus. Por isso, é natural

---

5. Isso foi afirmado pelo economista japonês Keitaro Hasegawa. Em princípio, a aposentadoria oficial na Grécia é aos 65 anos. Mas, na prática, 70% de todos os trabalhadores se aposentam entre 51 e 61 anos.

que alguns países da União Europeia demonstrem insatisfações. No centro dessa frustração está a Alemanha. Lá, a pensão por aposentadoria aos 60 anos corresponde à metade do salário. Ou seja, embora os alemães trabalhem dez anos mais que os gregos, recebem apenas 50% do salário. Então, por que a Alemanha deveria emprestar tanto dinheiro à Grécia para permitir que seu povo viva confortavelmente após se aposentar, e por que a Alemanha deveria aceitar que esse dinheiro não seja devolvido? São esses os pontos em discussão.

A frustração dos alemães é compreensível. Pessoas que não trabalharam tanto podem receber mais de 70% de seu salário e se aposentar dez anos antes, enquanto as que trabalharam dez anos mais recebem apenas metade do salário e ainda têm de resgatar financeiramente outros países. É perfeitamente natural que os alemães não aceitem isso, e a União Europeia, na qual a Alemanha ocupa uma posição central, também não tem como concordar facilmente com isso. É por isso que a União Europeia pede que a Grécia empreenda uma política de austeridade fiscal.

Por outro lado, os gregos opõem-se à adoção de tal medida porque irá piorar sua vida. E de fato a Grécia tem alta taxa de desemprego. Portanto, o que vemos aqui é um conflito entre sistemas de valores.

Uma divisão começa a surgir na União Europeia devido ao crescente desemprego causado pela austeridade fiscal

Na realidade, os índices de desemprego na Europa têm sido muito altos. Mas o desemprego aumenta ainda mais quando se impõe uma austeridade fiscal, como já foi visto, pois a quantidade de dinheiro em circulação diminui quando se tenta conseguir uma reestruturação fiscal.

É por essa razão, infelizmente, que a maneira de pensar da chanceler alemã Angela Merkel[6], focada na austeridade fiscal, não está em sintonia com a principal corrente de pensamento dos economistas. Ela é uma física da antiga Alemanha Oriental e pensa da mesma maneira que o ex-primeiro ministro japonês Naoto Kan, da administração anterior do Japão comandada pelo Partido Democrata.

Embora o primeiro-ministro da Grécia[7] seja muito radical em seus comentários, falando francamente, a chanceler Merkel também parece não compreender

---

6 Angela Merkel (1954-) é chanceler da República Federal da Alemanha. Líder do partido União Democrata-Cristã. Física.

7 Aléxis Tsípras (1974-) é o primeiro-ministro da República Helênica (Grécia). Líder do partido Coligação da Esquerda Radical. Ateu.

bem a economia internacional. Na realidade, os dois pontos de vista têm suas razões, mas ambos envolvem problemas. Portanto, vem surgindo uma divisão dentro da União Europeia.

As ações da China podem levar o mundo a uma divisão no futuro

Existe a possibilidade de a China e a Rússia ajudarem a Grécia, o que contribuiria para a fragmentação da União Europeia. Isso é um indício de que o mundo tende a sofrer uma divisão. Os Estados Unidos, é claro, irão apoiar a União Europeia.

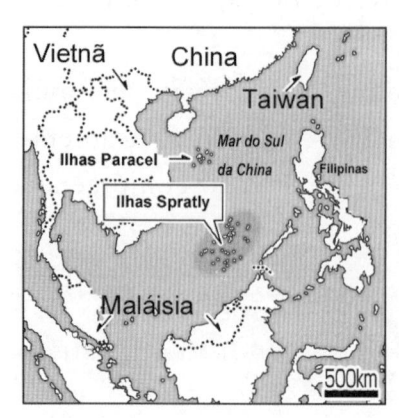

Figura 7.
Diversos países que circundam as ilhas Spratly, inclusive o Vietnã, a China, Taiwan, e as Filipinas, alegam que essas ilhas pertencem ao seu território. Desde a década de 1980, a China veio expandindo coercivamente o controle efetivo sobre essas ilhas, o que causou olhares de reprovação na comunidade internacional.

Existem situações similares em outras partes. Por exemplo, há uma tensão extrema nas Filipinas e no Vietnã como reação à intenção da China de tomar o recife de coral das ilhas Spratly para a construção de uma base militar (ver Figura 7).

Além disso, um governo militar tomou o poder na Tailândia e os Estados Unidos impuseram severas sanções econômicas ao país. Por isso, a Tailândia está tentando comprar três submarinos da China. Desse modo, a China estabeleceu um "ponto de apoio" na Tailândia. Ou seja, caso a China venha a entrar em conflito com as Filipinas ou o Vietnã, os países do Sudeste Asiático não irão mais agir em uníssono.

Nem constitucionalismo nem o primado da lei são onipotentes

E quanto ao vizinho da Tailândia, a Birmânia (Mianmá)? A Birmânia é hoje governada também por uma junta militar. Para impedir que a senhora Aung San Suu Kyi[8] se torne presidente, o governo militar[9] acres-

---

[8] Aung San Suu Kyi (1945-) é líder do maior partido da Birmânia, a Liga Nacional pela Democracia. Recebeu o Prêmio Nobel da Paz em 1991.

[9] Isso ocorreu na data desta palestra. Mais tarde, nas eleições gerais de 8/11/2015, a Liga Nacional pela Democracia, de Aung San Suu Kyi, saiu vitoriosa, conquistando a maioria das cadeiras, garantindo assim a mudança de poder.

centou uma emenda constitucional com um texto que diz mais ou menos o seguinte: "Uma pessoa que tenha se casado com um estrangeiro não poderá se tornar presidente. Nem alguém que tenha tido um filho com um estrangeiro. Além disso, quem não tiver servido no exército tampouco poderá assumir a presidência". O Japão está agora destacando fortemente a questão de seguir o constitucionalismo, mas, no caso da Birmânia, se as pessoas endossarem o constitucionalismo, a senhora Suu Kyi não poderá se tornar presidente.

É possível fazer até coisas desse tipo com uma Constituição, como acrescentar artigos com o único fim de impedir que determinada pessoa se torne presidente. Essa é uma questão grave. Afinal, o problema reside nas pessoas que fazem as leis, não nas leis em si.

A China declara ser um país que segue o primado da lei. Por exemplo, ela recentemente estabeleceu novas leis relacionadas à segurança, como a Lei de Mobilização para a Defesa Nacional de 2010 e as Leis de Segurança Nacional de 2015.

Segundo essas leis, a China pode convocar Hong Kong, Macau e Taiwan para cumprirem seus deveres e responsabilidades na salvaguarda da segurança nacional, na condição de territórios chineses, assim como para exercerem autoridade governamental na internet.

Além disso, os estrangeiros que tiverem construído fábricas, aberto lojas ou estabelecido empresas na China não poderão ir contra a autoridade chinesa. Por exemplo, se o país se envolver em uma guerra que não conte com o apoio do governo japonês e se uma empresa japonesa localizada na China adotar a mesma posição, essa empresa poderá ser confiscada. Existe esse tipo de lei nacional na China. É algo possível sob o sistema legal, baseado no primado da lei, instituído naquele país.

Em resumo, a lei não é onipotente. Tanto o constitucionalismo como o primado da lei são meramente o poder que decorre da inteligência média das pessoas que o criaram.

4
O espírito de estabelecer uma nação religiosa necessário para se tornar líder mundial

"Democracia sem Deus" e "Democracia com Deus"

Vim discutindo até aqui vários assuntos. Em síntese, acredito que o povo japonês deve aumentar seu nível de consciência de ser um povo e melhorar sua compreensão da comunidade internacional.

A Happy Science publica muitas mensagens espirituais. Faz isso não só para declarar às pessoas que a era da espiritualidade chegou, mas também para ensinar que existem dois tipos de democracia: a "democracia sem Deus" e a "democracia com Deus". Além disso, descrevemos que tipo de direitos humanos devem ser assegurados em uma democracia com Deus, a fim de aumentar ainda mais o nível dos direitos humanos fundamentais e chegar mais perto Dele.

É isso que constitui o estabelecimento de uma nação religiosa. Ao aumentar o nível dos direitos humanos fundamentais garantidos pela Constituição, as pessoas podem continuar seu treinamento da alma neste mundo em seu esforço para chegar mais perto de Deus. A determinação de transformar o Japão em um lugar assim e de torná-lo um modelo para os demais países é que constitui o espírito de estabelecer uma nação religiosa.

Ao contrário do que ocorre na Grécia, a economia japonesa não corre risco de falência

Também há um razoável número de problemas econômicos no Japão, mas o povo japonês tem mais de 1,7 quatrilhão de ienes (aproximadamente 14 trilhões de dólares) em ativos pessoais. Embora se diga que o Japão tem uma dívida de mais de 1 quatrilhão de ienes, seus cidadãos detêm mais de 1,7 quatrilhão de ienes em ativos e 95% da dívida nacional. Isso significa que, ao contrário da Grécia, o Japão não corre risco de ir à falência.

O governo japonês diz que os cidadãos deixarão uma dívida como legado a seus descendentes, e comenta sobre o endividamento do país e de seus cidadãos. Mas o que o governo afirma é parcialmente incorreto. Na realidade, é o governo que está em dívida, e os cidadãos são os credores do governo. Em outras palavras, não é correto dizer que os cidadãos têm uma dívida de 8 milhões de ienes (cerca de 70 mil dólares) por pessoa; a situação real no Japão é que cada cidadão tem em haver do governo 8 milhões de ienes, com mais poupança até do que esse crédito.

Além disso, o Japão é a maior nação credora do mundo em termos de comércio exterior e tornou a superar a China como a maior detentora mundial de títulos dos Estados Unidos (dados de fevereiro de 2015). Isso significa que o Japão, na situação atual, não tem como estagnar economicamente ou sofrer um forte declínio.

O que o governo japonês deve fazer agora é criar empregos

O Japão tem de fazer o que deve ser feito enquanto ainda há tempo para isso. E o que o Japão tem de fazer? Não é cobrir um empréstimo com outros. O Japão não deve fazer o que a Grécia está fazendo. O Japão é diferente da Grécia, cujo governo usa o dinheiro emprestado de países estrangeiros para conduzir sua administração. O ex-primeiro-ministro Naoto Kan não conseguiu entender isso e advertiu que o Japão acabaria como a Grécia, mas não há como isso acontecer no Japão.

O que o governo japonês deve fazer enquanto seus cidadãos compram títulos do governo com sua poupança é criar empregos. Tem de fazer esforços consistentes para criar novos empregos. Quanto aos cidadãos, devem trabalhar para construir uma sociedade que produza empregos, para que estes permitam às pessoas trabalharem até pelo menos os 75 anos, ou até mais, em vez de se aposentarem aos 60. Essa é a direção que o mundo precisa seguir com olhos no futuro.

Começando pelo estabelecimento de uma nação religiosa, espero que cada pessoa empreenda o mais frutífero treinamento de alma aqui na Terra e complete sua disciplina espiritual com sucesso. E eu sinceramente rezo, do fundo do meu coração, para que, quando você voltar ao Mundo Real, se torne um grande ser próximo de Deus e possa guiar pessoas em todas as regiões do planeta.

Mensagem a você ⑤

Trabalhe para conseguir uma paz acompanhada por justiça

O ateísmo e o materialismo estão equivocados.
É imperdoável que essas ideias sejam adotadas
Como princípios de política e
Como princípios educacionais.
Embora seja importante defender a paz na política,
Essa não deve ser uma atitude que permita
Que as forças do mal se fortaleçam.
Nunca devemos deixar de considerar
As coisas segundo essa perspectiva:
"O que é a justiça?"
Essa perspectiva é necessária para reduzir o mal
E aumentar a conduta correta na Terra.
A justiça tem o efeito
De impedir que as forças do demônio
Se espalhem na Terra e de educá-las.
Tenho de ensinar a paz que é acompanhada de justiça.

Porque a paz que cede ao mal,
A paz que é controlada pelo mal
E a paz que se reconcilia com o mal,
Essas são formas de paz carentes de liberdade.

É fato que cada raça ou país
Queira proteger seu povo
E deseje ter paz para si.
No entanto, dentro de uma perspectiva
Mais ampla ou de nível global,
Devemos sempre explorar e examinar:
"O que é a justiça?"
"O que é a retidão?"
"O que é a Verdade?"

• MENSAGEM A VOCÊ 5 •

Por exemplo, não há nada de errado
Quando as pessoas de Hiroshima e Nagasaki,
Que sofreram o bombardeio atômico,
Fazem votos
Para que a humanidade nunca mais cometa tais atos
E manifestam publicamente que esses atos
São equivocados.
É bom que essas pessoas expressem tais votos
E deixem que sua voz se faça ouvir.
Ao mesmo tempo, porém,
Esses esforços não devem levá-las
A incentivar uma postura mental frágil
Que permita que as forças
Que ainda estão fabricando bombas atômicas
E ameaçando outros países
Fiquem soltas e se fortaleçam.
Aqueles que se dispõem a contar às pessoas

O quanto a guerra foi trágica
E o quanto incontáveis vidas humanas
Viveram a infelicidade
De sofrer um bombardeio atômico
Devem, ao mesmo tempo, criticar as forças
Que estão tramando iniciar outra guerra.
Aqueles que estão se preparando para uma nova guerra
Não podem ter nenhuma liberdade
Para criticar de forma alguma
A paz e a história de outros países.

Afinal, devemos pensar sempre
"O que é o correto?"
Em nível global
E dentro de uma perspectiva de futuro.

Trecho do livro *A Essência de Buda – Sobre Política*

Capítulo 6

Estabelecer a justiça de Deus

~ Os ensinamentos do Deus Supremo são
agora necessários ao mundo ~

1
Os sistemas de valores do mundo estão abalados

A justiça global segundo o padrão americano está agora sendo questionada

O capítulo final deste livro é intitulado "Estabelecer a justiça de Deus". Não tenho certeza se existe na Terra alguém qualificado para falar sobre esse tema, mas vou tentar tratar o tópico da maneira mais clara possível, porque sinto que os sistemas de valores do mundo estão começando a vacilar.

Em 1991, houve o colapso da União Soviética, o que deu a impressão de que a batalha entre os países liberais e os socialistas havia terminado. Por volta dessa época, a maioria das pessoas achava que os Estados Unidos iriam firmar sua supremacia como superpotência e liderar o mundo, e que o globalismo, tendo os Estados Unidos como força central, iria dominar o mundo.

Essa visão predominou até a década de 1990 e, ao constatar essa tendência, eu também alterei um pouco as previsões que havia feito. Na realidade, minha previsão era de que na primeira metade do século XXI os Estados Unidos estariam em risco de colapso, mas decidi alterar meu ponto de vista, passando a defender, a fim de alinhar este pensamento com as tendências mundiais, que o poder político dos Estados Unidos provavelmente continuaria por mais de uma centena de anos[1].

Mesmo assim, tenho agora a impressão de que houve uma reversão dessa tendência e que o mundo parece estar caminhando para realizar minha primeira previsão. Até bem recentemente, acreditava-se que a justiça global, ou justiça de Deus, seria definida segundo os padrões americanos, e que não haveria erro se seguíssemos as avaliações deles. Mas essa posição ficou bastante duvidosa, e de várias fontes surgem questionamentos e objeções contra os padrões americanos.

O padrão de julgamento deve ser "a realização da maior felicidade para o maior número de pessoas" e "para a felicidade das gerações futuras"

Também despontaram questões extremamente difíceis em termos de administração e gerenciamento do mundo como um todo. Surgiram muitas variáveis, fatores desconhecidos, não só na sociedade humana, mas também nas mudanças ambientais da Terra, incluisive os desastres

---

1. Na primeira edição de *As Leis Douradas*, publicado em japonês em agosto de 1987, havia uma seção na qual se previa que, por volta do ano 2000, Nova York, antigo centro do mundo, seria devastada a ponto de praticamente perder sua função.

naturais. Se simplesmente considerarmos os desastres naturais como punições divinas, a conclusão é que essas supostas punições divinas estão ocorrendo em várias regiões do mundo. Mesmo levando em conta somente os problemas da sociedade humana como tópico de uma discussão sobre justiça, podemos perceber que os pontos de vista das pessoas sobre o que é certo e errado estão estremecidos, por exemplo, no direito e na economia.

Houve várias discussões em 2015, sobretudo no Japão, por ocasião do 70º aniversário do fim da Segunda Guerra Mundial. Elas abordaram temas como a forma de Estado ideal, a justiça nacional, a diferença entre justiça global e justiça nacional e a maneira correta de perceber o que o Japão fez há setenta anos do ponto de vista da história mundial. Quando as opiniões sobre uma questão ficam totalmente divididas, há sempre um pouco de verdade em cada um dos lados, ou seja, não há opinião que seja 100% justa ou 100% injusta. Há sempre um pouco de razão em ambas. Uma abordagem para decidir o que é justiça no atual momento, por exemplo, é pensar em como trazer a maior felicidade ao maior número possível de pessoas. Ou, então, para poder decidir se algo está certo ou errado, podemos considerar se nossa decisão irá permitir à humanidade do futuro manter os padrões éticos de vida corretos.

Duas ideias contraditórias na democracia

Estamos em uma era em que a democracia é a força central atuante, mas gostaria de destacar que nela também há ideias contraditórias. A democracia, conforme se leciona de maneira simples no Ensino Fundamental, sustenta que aquilo que tem o apoio da maioria está certo. Na própria escola, por exemplo, vemos que as decisões que abrangem a instituição inteira, como as que são tomadas pelos representantes de classe ou a decisão sobre qual será o tema da festa de fim de ano, seguem esse princípio. No entanto, a democracia também abriga a ideia de que os direitos e pontos de vista das minorias devem ser protegidos, ou que as pessoas que têm ideias divergentes também devem ser tratadas com tolerância.

Na realidade, esses últimos conceitos de democracia contradizem a primeira abordagem de simplesmente se basear na comparação numérica para decidir o que é correto. Se o que é certo é sempre decidido pelo que é apoiado pelo maior número, isso significa que todas as ações empreendidas pelo país que tiver a maior população estarão em princípio corretas. No entanto, pode haver uma verdade universal ou uma meta voltada para um grande ideal que esteja contida na opinião de uma minoria ou de um só indivíduo.

A Verdade numa opinião desse tipo deve ser seguida, mesmo que não conte com o apoio da maioria.

2
A avaliação que se faz do Japão em relação à Segunda Guerra Mundial é justa?

As avaliações positivas que a Ásia fez sobre o Japão não são divulgadas como se deveria

Em março de 2015, publiquei um novo livro, *Palau Shotō Peleliu-tō Shubi Taichō Nakagawa Kunio Taisa No Reigen* ("Uma Mensagem Espiritual do Coronel Kunio Nakagawa, Comandante da Tropa de Defesa da ilha Peleliu, em Palau") (ver Figura 8). No mês se-

Figura 8.
Este livro foi publicado posteriormente em inglês como *For the Love of the Country: Untold Story of the Battle of Peleliu: A Memoir of Japanese Colonel Kunio Nakagawa* (Nova York: IRH Press, 2015). Uma Mensagem Espiritual do Coronel Kunio Nakagawa, Comandante da Tropa de Defesa da ilha Peleliu, em Palau (que na tradução para o inglês ganhou o título de Por amor ao país: A história não contada da Batalha de Peleliu: Relato do coronel japonês Kunio Nakagawa, IRH Press).

guinte, em abril de 2015, o imperador do Japão visitou as ilhas Palau para consolar os espíritos dos 10 mil soldados japoneses que morreram na ilha Peleliu (ver Figura 9). Provavelmente foi seu antigo desejo de fazer isso que o levou a empreender essa viagem aos 81 anos de idade; deve ter achado que era seu dever como imperador realizar essa visita.

A República de Palau conseguiu sua independência em 1994. O presidente daquela época, Kunio Nakamura, era de ascendência japonesa; seu pai era japonês. Ao que parece, ele era da opinião de que Palau tinha um voto nas Nações Unidas que tinha o mesmo peso que o

Figura 9.
Em 9 de abril de 2015 o imperador e a imperatriz do Japão visitaram as ilhas Palau para levar flores ao monumento aos soldados que morreram durante a Guerra do Pacífico. Depois, a imperatriz Michiko comentou que a viagem lhe causou uma marca inesquecível, porque finalmente eles puderam oferecer preces pelas almas dos japoneses e americanos mortos na guerra.

voto americano e o chinês e disse: "Por que os japoneses se desculpam tanto quando na verdade sentimos somente gratidão por eles? Por que vocês se subestimam tanto dizendo que o que fizeram estava errado, quando na realidade o Japão lutou para nos defender?"

Apesar disso, nenhum político japonês compareceu ou ergueu a bandeira do Japão no primeiro aniversário da independência de Palau, porque o primeiro-ministro japonês na época era o líder do Partido Socialista, Tomiichi Murayama. Ao que parece, o presidente de Palau ficou muito triste com isso. Ele comentou que o povo de Palau era grato ao Japão por ter lutado para assegurar sua prosperidade (ver Figura 10).

Figura 10.
Em março de 2015, a líder do Partido da Realização da Felicidade, Ryōko Shaku (esquerda), visitou o campo de guerra nas Ilhas Peleliu, na República de Palau, onde prestou homenagem às almas daqueles que morreram em guerra. Shaku encontrou-se também com o ex-presidente de Palau, Kuniwo Nakamura (direita). Ele comentou que, como presidente, é eternamente grato ao Japão.

A República Popular da China tem hoje por volta de 1,3 a 1,4 bilhão de habitantes; portanto, pela regra da maioria, o que eles afirmam deve estar correto. Não obstante, a pequena nação de Palau tem também um voto, como a China.

As pessoas na Índia e no Sri Lanka também têm sentimentos positivos em relação ao Japão, do mesmo modo que o povo de Palau. Dizem que, se o Japão não tivesse lutado, elas não teriam conquistado a independência. Na Tailândia, também, o primeiro-ministro do pós-guerra, Kukrit Pramoj, escreveu um artigo em seus tempos de jornalista que dizia: "Se não existisse a Mãe chamada Japão, as nações da Ásia jamais teriam conquistado a independência".

Portanto, na Ásia há diferentes opiniões sobre o Japão, mas elas não foram divulgadas de modo imparcial. Isso mostra o quanto é difícil abordar o passado de modo correto, mesmo sendo um fato já consumado.

A razão pela qual faço questão de expressar minha opinião sobre problemas globais

Embora seja difícil analisar corretamente o passado, a dificuldade é maior ao se avaliar bem o que está ocorrendo no presente, e mais ainda quando se trata do futuro.

Há alguns dias, eu estava lendo um livro sobre política internacional. Na introdução, o editor-chefe escreveu que o estudo de política internacional não tem a intenção de dar uma explicação clara sobre os problemas presentes, que não pretende chegar a nenhuma conclusão. Isso pode ser verdade, mas é também uma forma de evitar assumir responsabilidade.

Quando eclode um conflito internacional ou uma guerra, se os especialistas que vêm fazendo pesquisas sobre o assunto não conseguem expressar uma opinião em relação ao que está certo e ao que está errado, como é possível esperar que a pessoa comum faça isso? Acho que eles se escondem por trás da cortina da academia. Alguém que tenha estudado a história da política internacional deve se dispor, como especialista, a correr certo risco e expressar o que pensa a respeito da situação atual ou de suas perspectivas.

Em geral, as pessoas que expressam opiniões sobre esses assuntos são os chamados "críticos" ou "comentaristas especializados", e não pertencem a nenhuma instituição. Eles emitem opiniões diversas, mas seu nível de influência varia; às vezes, a opinião é descartada, sob o pretexto de ser de uma única pessoa. Dito de outro modo, aqueles que são responsáveis apenas por sua família são capazes de expor suas opiniões livremente, mas se sua opinião será ou não aceita, já é outra história; irá depender dos critérios da mídia, dos órgãos do governo ou dos políticos.

Eu também gosto de me pronunciar sobre problemas globais, mas, ao contrário de críticos e acadêmicos, assumo certo grau de responsabilidade por aquilo que digo. A razão é que muita gente me segue acreditando que o que eu digo é verdadeiro, e várias delas tomam decisões políticas ou escolhem rumos de ação com base nos meus comentários. Nesse sentido, preciso ser extremamente cauteloso. Ao mesmo tempo, porém, digo a mim mesmo que ser cauteloso não deve me levar a negligenciar ou fugir das minhas responsabilidades. Não faria sentido eu ter fundado a Happy Science se ficasse apenas tentando proteger nosso grupo, escondendo-me atrás de um sistema sem me considerar responsável.

Já faz trinta anos que a Happy Science foi criada. Embora tenhamos alguma estabilidade, às vezes fazemos coisas que envolvem riscos. Por isso, podemos também experimentar alguns choques quanto aos sistemas de valores. Embora as pessoas tomem decisões com base em visões ou valores religiosos diversos, eu tenho de expressar minhas opiniões em relação a essas decisões. Chegou a hora de expor o que considero que deve ser dito, não importa se as pessoas vão aceitar ou não. A aceitação das minhas opiniões dependerá dos esforços de nossos fiéis e, mesmo quanto aos não fiéis, daqueles que acreditam que minha opinião está correta. No mínimo, porém, minhas opiniões agora têm certa influência no rumo desse país, o Japão.

Mesmo eu não sou perfeito neste mundo; também posso incorrer em alguns erros nas minhas ideias ou na minha compreensão, ou demonstrar às vezes menor consideração por algumas pessoas. Mesmo assim, pretendo continuar expressando o que acredito que deve ser feito para trazer o bem comum ao maior número possível de pessoas.

Nem mesmo as nações vencedoras podem mudar a cultura e a religião das nações derrotadas

Recentemente, em especial desde que comecei a dar ensinamentos a respeito do xintoísmo japonês por meio de nossas mensagens espirituais, sinto que uma nova tendência está em curso. A Happy Science com certeza não é uma religião de direita, que defenda o xintoísmo de estado de maneira simplista. Tenho certeza de que o leitor compreende isso. Se fôssemos uma organização conservadora, que quisesse apenas defender o xintoísmo estatal, demonstraríamos pouca aprovação pelo cristianismo e pelo islamismo, e não reconheceríamos aspectos corretos no judaísmo nem uma compreensão do budismo e outros modos de pensar.

A Happy Science reconhece sem reservas que há bons aspectos e ideias em outras religiões e que elas cumpriram seu propósito em determinada era e região geográfica. Essa atitude continua inalterada. Na mesma linha, estamos agora tentando restaurar o sistema de valores enunciado pela religião xintoísta japonesa. Isso porque, de uma perspectiva global, vejo que nas decisões e avaliações que são feitas contra o Japão há muitos aspectos que não têm razão de ser.

É verdade que, na guerra, o vencedor ganha um poder enorme e pode governar o perdedor. No entanto, há limites para o que é aceitável.

Coisas como a cultura, as tradições e a religião são próprias de uma identidade nacional e são inalteráveis; estão em uma dimensão diferente, não têm a ver com o fato de um país ser mais forte que o outro na guerra. Por exemplo, a Grã-Bretanha governou a Índia por cerca de 150 anos, mas não conseguiu mudar a religião da Índia. Embora o cristianismo tenha tido alguma expansão, a grande maioria dos indianos preservou sua religião tradicional, o hinduísmo, e os britânicos não conseguiram mudar isso.

De modo semelhante, os missionários cristãos europeus começaram a visitar o Japão por volta de 1500. Na mesma época, foram introduzidas armas de fogo no país, o que mudou a forma da guerra e aumentou a influência da civilização ocidental. Em meados do século XIX, a Restauração Meiji foi um grande movimento revolucionário, mas mesmo assim os cristãos ainda são hoje menos de 1% da população. Embora o Japão tenha visto a civilização ocidental como uma coisa boa e tenha se adaptado a ela em alguns aspectos durante a Era Meiji (1868-1912), o cristianismo não se difundiu. E mesmo que o Japão tenha perdido a Segunda Guerra Mundial e tenha sido ocupado, o cristianismo não chegou a se propagar por todo o país. Mesmo contendo várias ideias corretas, o cristianismo não se difundiu porque o Japão já tinha ideias próprias. Não havia uma compreensão clara do que eram essas ideias, mas a Happy Science está esclarecendo isso agora.

Os antecedentes espirituais da eclosão de guerras e a ascensão e queda de nações ao longo da história

Quanto às religiões, a era das religiões monoteístas já se estende por 2 ou 3 mil anos e há uma tendência a se considerar o monoteísmo como puro e as religiões não monoteístas, como confusas e corrompidas. Claro, não há nada de errado com as religiões monoteístas que cultuam um Deus universal que ama toda a humanidade, mas existem também aqueles que cultuam um deus específico, que só protege um grupo étnico particular. Forçar outros grupos étnicos a acreditarem no seu deus significa que um grupo particular poderia dominar completamente os outros. Isso não seria razoável.

Nessa questão, a Happy Science ensina que há diferentes níveis de deuses, entre os quais o nível dos deuses étnicos. Na realidade, muitos países têm seu deus étnico, cujo papel é trazer prosperidade e riqueza às pessoas daquele país específico, e guiá-las no caminho certo. Quando alguns países em particular progridem e desenvolvem uma força nacional, ou, em outras palavras, quando quatro ou cinco países emergem, surge um atrito cultural e estabelece-se uma competição entre os deuses étnicos, cada um esforçando-se para provar que seus ensinamentos podem guiar melhor a humanidade para a felicidade. Quando essa competição excede certo ponto, às vezes eclode uma guerra.

Olhando para a história humana, vemos que houve muitas guerras grandes. Todas foram trágicas. Não há como uma guerra não ser trágica. Todas terminaram em tragédia, não importa de que lado as pessoas estivessem. Mas, ao mesmo tempo, a história mundial mostra que, por meio dessas guerras, emergiram grandes nações e outras declinaram; um país dominante entra em declínio e uma nova potência emerge, dando início a uma nova era.

Vemos isso ocorrer em pequena escala na nossa sociedade. Várias companhias de repente prosperam muito, e depois entram em declínio e são substituídas por outras. Nessa ascensão e queda de países, há um princípio semelhante em ação. No caso de uma guerra, o que está em jogo são vidas humanas, e isso é uma questão séria, mas no caso de competição entre companhias, as pessoas também sofrem problemas financeiros ao perder seu emprego. É claro, podem vir a morrer se ficarem sem trabalho e não tiverem mais o que comer, então sem dúvida os problemas financeiros podem até levar à morte.

No entanto, examinando a tendência mundial nos últimos 2 ou 3 mil anos, vemos que quando um país se expande, fica mais forte e se torna competitivo, guerras eclodem. Esse tipo de tendência talvez não desapareça facilmente. Outra tendência é que, quanto mais ardorosamente um país se empenha em restringir sua força militar, maior a probabilidade de ocorrer uma guerra por efeito contrário. Em muitos casos, países poderosos impõem reduções do poderio militar a países mais fracos, a fim de conter sua oposição. Isso acumula ressentimentos nos países fracos, que então recorrem a políticas expansionistas. Nesse sentido, as reduções de forças militares nem sempre trazem o bem e constituem questões muito difíceis de lidar.

3
Como encarar os conflitos entre diferentes religiões

Qual o significado do aumento do número de muçulmanos

Fiz vários comentários sobre política internacional. Agora, gostaria de analisar os fatos do ponto de vista da política internacional e da religião atuais. Do ponto de vista religioso, não é possível deixar de lado a questão do islamismo. A situação ainda é instável e continuará oscilando, portanto é difícil pensar a respeito em termos definitivos, mas gostaria de começar pela conclusão.

Ao que parece, existem cerca de 1,6 bilhão de muçulmanos no mundo. Referências um pouco anteriores registravam de 800 milhões a 1 bilhão; portanto, não há dúvida de que seu número está aumentando. O islamismo é muito disseminado entre os pobres do mundo, sobretudo nas regiões mais atingidas pela miséria. Em certo sentido, pode estar se expandindo como uma espécie de substituto do comunismo e do socialismo que vigoraram no passado. Portanto, já que o islamismo está se expandindo entre os mais necessitados, podemos dizer que cresce em comunidades que lutam para superar o *status quo*, mas que têm pouca esperança de melhorar sua condição de vida.

Por outro lado, o cristianismo tem de 2 a 2,2 bilhões de fiéis, e é fato que o islamismo está perto de alcançar esse número. Não tenho muita certeza sobre o que os cristãos pensam a respeito do islã, mas historicamente eles têm considerado que seus ensinamentos provêm do demônio. Parece que esse é o sentimento que está no âmago. Fica essa impressão quando analisamos a situação de uma perspectiva mundana e nos concentramos mais nas diferenças entre uma religião e outra. Mas, com certeza, ensinamentos do demônio não iriam se difundir para mais de 1 bilhão de pessoas.

O judaísmo tem pouco mais de 10 milhões de fiéis; portanto, a julgar em termos numéricos, se fosse comparado com o islamismo, deveria ser aniquilado. No entanto, embora se critique atualmente o islã porque alguns extremistas promovem ações terroristas, o número de seus fiéis ainda está aumentando. Por isso, deve haver com certeza aspectos do islamismo que não podem ser compreendidos segundo os valores cristãos.

Por que razão homens e mulheres no Ocidente vêm se juntando ao Estado Islâmico como soldados voluntários

O pior problema relacionado ao islamismo é provavelmente o Estado Islâmico (EI). Mais de sessenta países vêm cercando o EI e tentando destruí-lo. Depois que uma batalha começa, ela só termina quando se chega a um desfecho definitivo. Portanto, tudo o que podemos fazer é ver até onde isso irá. Não estou muito certo se o EI tem uma estrutura organizacional que lhe permita negociar um cessar-fogo. Mas talvez nem haja cessar-fogo se a situação se encaminhar para uma mera guerra de guerrilhas.

Mesmo assim, segundo o que li em uma edição recente da revista semanal *Newsweek*, parece que pelo menos 3.500 ocidentais entraram em território do EI para oferecer-lhe seu apoio. Deles, 2.500 se tornaram soldados. A *Newsweek* também observa que 20% dessas 3.500 pessoas eram mulheres. Como se trata de uma revista publicada no mundo cristão, não acho que os números reais sejam menores. Na realidade, talvez sejam até maiores.

Em resumo, o EI deve ter algo que atrai as pessoas do mundo inteiro a se juntarem ao seu exército de voluntários, embora a mídia constantemente se refira a ele como organização terrorista. Sem dúvida, essas pessoas sentem-se de algum modo ultrajadas pela maneira como os países cristãos têm violado países islâmicos como o Iraque, o Irã e o Afeganistão. Isso é algo que precisa ser levado em conta.

Portanto, se 3.500 pessoas cruzaram as fronteiras nacionais para ir ajudar o EI, podemos supor que ele conte com pelo menos mil vezes mais apoiadores. Ou seja, talvez haja 3,5 milhões de pessoas que apoiam o EI. O que isso significa? A questão aqui é na realidade o quanto se aceita intervir na vida de pessoas que têm interesse por uma cultura diferente ou que acreditam em outra religião, de países que estão no outro lado do mundo.

Os dois heróis do filme *Sniper Americano*

Nos Estados Unidos, o filme *American Sniper* (*Sniper Americano*), lançado em dezembro de 2014, fez muito sucesso; ganhou até um Oscar de melhor Edição de Som. O filme conta a história (real) de um atirador de elite que foi quatro vezes à Guerra do Iraque e matou mais de 160 pessoas. Nos Estados Unidos, esse atirador é considerado um herói. Ao que parece, era originalmente caçador e, como atirador, conseguia acertar alvos a uma distância de mais de mil metros.

No filme, o lado inimigo tem também um exímio atirador, proveniente da Síria, que chega ao Iraque para se juntar à organização que mais tarde iria se tornar o EI. Ele havia ganhado uma medalha de ouro no tiro olímpico e também era capaz de acertar um alvo a uma distância de mais de mil metros. Parece que é realmente difícil acertar alguém a mais de mil metros de distância, e no filme há uma disputa entre esses dois homens. Por fim, o atirador americano acerta e mata o medalhista olímpico do lado inimigo, a uma distância de mais de 1.900 metros.

Além de ser visto como herói, por ter estado quatro vezes no Iraque prestando serviços, dizem também que o rapaz era um pai amável em casa. Um dia, já de volta aos Estados Unidos, ele acompanhou um companheiro numa sessão de prática de tiro, e acabou sendo morto pelo próprio americano. É uma história real, que ocorreu em 2013. Os Estados Unidos prestaram-lhe um funeral de herói, com honras de estado, e o féretro seguiu em longa procissão. Portanto, ele não foi morto em combate, e sim em seu próprio país.

Trata-se de uma questão difícil, sem dúvida. Numa guerra, quem mata mais de 160 inimigos é realmente um herói. Mas, analisando os fatos pela perspectiva do lado inimigo – ou do Iraque –, aqueles que lutavam contra o exército americano no Iraque estavam defendendo seu país. Eram guerrilheiros, mas estavam de fato defendendo seu país e seu povo e protegendo suas famílias. Portanto, do ponto de vista do Iraque, herói é quem os protege.

É muito difícil julgar esses dois tipos de heróis. Será que alguém que vem do outro lado do globo até seu país para matar seus compatriotas pode ser chamado de herói? Com certeza, para o lado inimigo ele não será um herói. Além disso, quanto mais um lado resiste, maior a agressividade daquele que ataca. É o que costuma ocorrer. Portanto, em muitos casos, a situação é resolvida pelo uso da força. Quando o conflito vai se arrastando, os julgamentos de valor tornam-se duvidosos.

Por que os extremistas de países muçulmanos são levados a atos de terrorismo

Costuma-se dizer que não há guerras justas. Mas minha crença básica é de que, a não ser que haja uma causa justa para atacar outro país e que ela seja perfeitamente compreendida e apoiada pela comunidade global, não se pode dizer que aqueles que estão lutando para defender seu território, seu povo e suas famílias estejam do lado do mal.

Isso vale para todas as coisas. Por exemplo, o maior medo de um animal é ser devorado por seu predador. É o que equivale para nós a ser morto. No mundo natural dos animais, ser morto e devorado é o principal medo, embora essa experiência seja às vezes necessária para o treinamento da alma.

A história é totalmente outra se você ataca um grupo que exibe uma selvageria brutal. Mas, se não for esse o caso, condenar de modo unilateral o outro lado por suas diferenças em cultura, modo de pensar e religião é um ato que passa dos limites.

Os problemas em relação ao EI provavelmente não irão se encerrar tão cedo, mas em algum ponto terá de haver um cessar-fogo. E acredito que é preciso traçar uma linha, oferecendo àqueles que não concordam com os regimes vigentes, sobretudo os muçulmanos sunitas, alguma forma de autonomia ou direito de residência.

Não aprovo atitudes do tipo "Matar todos os opositores". Tanto os sunitas quanto os xiitas são seitas religiosas idôneas que acreditam em Alá e seguem os ensinamentos transmitidos por Maomé; então, não se pode afirmar que estejam completamente errados. Quanto à ação dos extremistas, certos aspectos passam dos limites. Além disso, se essas ações levam o mundo equivocadamente a achar que o islamismo é uma religião que pratica o terrorismo, então há mais prejuízos do que méritos para o mundo muçulmano.

Compreendo muito bem que os extremistas muçulmanos encaram tais atos como a única opção disponível, já que estão em considerável inferioridade em termos de potencial bélico. Eles não podem atacar com caças ou porta-aviões, então posso entender que recorram a táticas de guerrilha. Mas, quando vemos tantos casos de ataques suicidas de mulheres grávidas com dinamite ao redor do corpo, ou de crianças despachadas carregando explosivos, ou de famílias inteiras atacando com carros-bomba, fica difícil achar que o islamismo não é uma religião com esse perfil. Mas os ensinamentos originais de Maomé não contêm esse viés extremista.

4
Como o Japão pode contribuir para a paz mundial

Por que as "Unidades de Ataque Especial" japonesas mostradas no filme *O Eterno Zero* não são consideradas terroristas

Existe uma opinião predominante segundo a qual os terroristas islâmicos estão copiando as Unidades de Ataque Especial do Japão na Segunda Guerra Mundial. É possível que esse tipo de unidade tenha funcionado como inspiração. A verdade, porém, é que, como foi mostrado no filme *Eien no Zero* ("O Eterno Zero", lançado no Japão em 2013) e no livro em que o filme se baseia, a Unidade *Kamikaze* de Ataque Especial do Japão não cometeu atos de terrorismo.

O ator japonês Haruma Miura, que já ganhou da Academia Japonesa de Cinema o prêmio de Melhor Ator Coadjuvante em 2015 pelo filme *O Eterno Zero*, fez o papel de um jovem contemporâneo. No filme, seus amigos lhe perguntam: "Um piloto camicase é o mesmo que um terrorista, um homem-bomba, não é? Qual a diferença?" E ele diz: "Um porta-aviões é uma arma de destruição em massa, carregando muitos caças e bombardeiros. Lançar um avião carregado de explosivos contra ele não é um ato de terrorismo, é um ato de guerra; é uma batalha entre duas armas. É diferente do terrorismo, que tem como alvo e deliberadamente envolve civis". Mas seus amigos são incapazes de aceitar seu argumento. Lembro bem desta cena do filme.

De fato, durante a Segunda Guerra Mundial, o Exército Japonês encarou a guerra basicamente como um confronto entre forças militares. Portanto, não é certo dizer que o que eles fizeram eram atos de terrorismo.

Quero que as pessoas compreendam o espírito Yamato[2], que não abandonou Okinawa

Algumas pessoas veem a Unidade *Kamikaze* de Ataque Especial como algo totalmente insano, e, após a guerra, o Exército Imperial Japonês foi criticado por ter levado adiante essa estratégia. O fato, porém, é que os aviões dessa unidade afundaram ou infligiram danos a pelo menos 300 navios americanos, sobretudo na área de Okinawa. Portanto, embora os filmes com frequência retratem os pilotos camicases sendo abati-

---

2. Espírito Yamato: expressão que se refere aos valores espirituais e culturais nobres característicos do povo japonês. "Yamato" é o antigo nome do Japão.

dos no céu e morrendo em vão, essa descrição não é correta. Foi uma grande façanha impor danos a mais de 300 navios de guerra.

Na verdade, 50% dos combatentes camicases foram abatidos antes de alcançar seu objetivo, mas metade dos outros 50% restantes, que conseguiram sobreviver aos disparos, isto é, 25% do total, acertou seu alvo e afundou ou danificou mais de 300 navios de guerra. Entre os enviados para essas missões camicases, muitos eram da ilha principal do Japão. Gostaria que as pessoas de Okinawa ficassem cientes desse fato.

Quando teve início a batalha em terra em Okinawa, o encouraçado *Yamato* partiu sozinho da província de Yamaguchi com destino a Okinawa, sem navios-escolta para protegê-lo – como é mostrado no filme *Yamato* (lançado no Japão em 2005). O encouraçado foi enviado com uma estratégia temerária: destruir uma frota inimiga de navios de transporte, e depois, como só havia combustível para a viagem de ida, aportar e servir como bateria de canhões para atingir navios inimigos. Acabou sendo atacado por caças inimigos antes de chegar ao seu destino e afundou a 200 quilômetros de Makurazaki, em Kyūshū.

O encouraçado *Yamato* transportava uma tripulação de cerca de 3 mil homens, mais ou menos o mesmo número de pessoas que morreram no ataque terrorista ao World Trade Center. A tripulação afundou antes de chegar a Okinawa, a cerca de 200 quilômetros de Kyūshū. Eles foram para a batalha sabendo que iriam perder e afundar.

Muitas pessoas em Okinawa dizem: "Os *yamatonchū*[3] não entendem como nós, *unchinanchū*[4], nos sentimos", mas gostaria que elas compreendessem esse espírito Yamato. O encouraçado *Yamato* foi enviado para se sacrificar e mostrar às pessoas de Okinawa que elas não haviam sido abandonadas. Eu realmente gostaria que as pessoas entendessem isso.

O hegemonismo que não tem uma nobre causa está equivocado

Com relação à Segunda Guerra Mundial, algumas pessoas na China acreditam que seu país foi saqueado durante dez ou vinte anos pelos japoneses e veem o Japão como um império do mal. Elas têm o direito de pensar dessa forma. No entanto, isso não significa que a atual República Popular da China esteja au-

---
3 "As pessoas da ilha principal", no dialeto de Okinawa.
4 "As pessoas de Okinawa", no dialeto de Okinawa.

torizada a fazer o mesmo que eles acreditam que o Japão fez no passado.

Pesquisar o passado tem sua importância. No entanto, com relação ao chamado Massacre de Nanquim e às mulheres disponibilizadas aos militares, algumas histórias relatam que 300 mil pessoas foram mortas em Nanquim e que 200 mil mulheres foram obrigadas a trabalhar em bordéis militares. No entanto, minha avaliação após pesquisa espiritual é que essas histórias são falsas (ver Figura 11).

Dito isso, mesmo na suposição de que tais histórias sejam verdadeiras, isso não dá à China nenhuma boa

Figura 11.

A Verdade sobre o Massacre de Nanquim: Revelações de Iris Chang, Ryuho Okawa (IRH Press do Brasil, 2014).

What Really Happened in Nanking?: A Spiritual Testimony of the Honorable Japanese Commander Iwane Matsui ("O que Ocorreu de fato em Nanquim? Um Depoimento Espiritual do Honorável Comandante Japonês Iwane Matsui"), Ryuho Okawa, disponível apenas em inglês (IRH Press Nova York, 2015).

razão para continuar aumentando seu orçamento militar em mais de 10% todo ano, há mais de vinte anos. A China sem dúvida está a caminho de dominar a Ásia e a região toda até o Havaí. Não há outra conclusão, isso é óbvio. Eles podem querer argumentar: "O Japão não tem direito a dizer nada porque fez a mesma coisa no passado. O Japão tem de ficar quieto; não pode falar nada a nosso respeito". Mas esse pensamento está errado. Hegemonia sem causa é um erro.

O senhor Xi Jinping já prendeu, deteve ou executou dezenas de milhares de membros do Partido Comunista[5]. Ele começou a expurgar até mesmo colegas que discordam de suas opiniões e, como vimos em Hong Kong, suprimiu os direitos de pessoas que defendiam a liberalização.

Em relação à região de Uigur, também, as autoridades chinesas anunciaram que cerca de 100 pessoas morreram, mas relatos provenientes de Uigur dão conta de que na realidade houve o massacre de milhares de pessoas. Portanto, deve ser criado um sistema que dê voz aos territórios ocupados, como a Mongólia Interior, Uigur e o Tibete.

---

5. No Congresso Nacional do Povo de 2015, foi anunciado que cerca de 55 mil funcionários do governo estavam sendo investigados por corrupção.

O Japão deve ganhar poder para se proteger e contribuir para a paz mundial

Está claro que a China tem intenções de invadir também países como o Nepal. Mas, como o trabalho missionário da Happy Science tem feito progressos ali, a facção maoísta se tornou minoria e adotou uma postura defensiva. A Birmânia (Mianmá) também está tentando evitar se aliar à China.

O Sri Lanka aceitou investimento chinês para a construção de um porto, mas suspendeu esse projeto antes de sua conclusão. O Sri Lanka mudou sua política para se alinhar com os Estados Unidos e o com o Japão. Acredito que, embora não tenham sido muitas, minhas palestras no exterior tiveram um papel nisso (ver Figura 12).

Minhas palestras também tiveram o mesmo efeito na Austrália. Quando fui àquele país para dar minha primeira palestra, o primeiro-ministro à época, que contava com uma taxa de aprovação de 90%, falava chinês e mostrava uma tendência de aproximação com a China. No entanto, o primeiro-ministro seguinte aproximou-se mais do Japão, com receio de que a China esgotasse os recursos naturais da Austrália, que agora adotou a posição de defender esses recursos.

Isso significa que o Japão tem sido o modelo da Ásia nestes setenta anos desde o fim da Segunda Guerra Mundial. Acredito que é certo que o Japão tenha o poder de se defender. E é importante que ele vá convencendo os demais países desta posição, contribuindo, assim, por meios diplomáticos, para a paz mundial.

O ser humano às vezes comete erros. Às vezes perde guerras. Mas acredito que tem condições de adquirir sabedoria a partir de suas derrotas. Países que nunca sofreram derrotas talvez não consigam compreender isso. Sendo assim, é importante impedir que esses erros aconteçam.

5
Superar conflitos religiosos e étnicos

As religiões monoteístas tendem a falar mal de outras religiões

Então, o que deve ser feito para superar conflitos entre religiões? Neste mundo, existe uma postura mental bastante disseminada, baseada no monoteísmo, que leva a encarar as outras religiões como heréticas. No entanto, em muitos casos, esse julgamento nasce da ignorância. As pessoas simplesmente estão pensando do jeito que foram ensinadas a pensar por sua religião. Não sabem que não existe tanta razão para criticar outras religiões.

Parece que até os líderes de igrejas muitas vezes ficam limitados a esse nível de consciência. No decorrer de seu trabalho missionário, pregam com entusiasmo

Figura 12.
O mestre Okawa deu uma palestra intitulada "Vida e Morte" no Nepal, em 4 de março de 2011 (esquerda), e outra intitulada "O Poder da Nova Iluminação" no Sri Lanka, em 6 de novembro de 2011 (centro). Em 29 de março de 2009, ele fez uma palestra na Austrália intitulada "Você É Capaz de Ser a Pessoa que Quer Ser" e outra em 14 de outubro de 2012 intitulada "Aspirações para o Mundo Futuro" (direita).

que suas crenças são as únicas capazes de trazer salvação ao ser humano, vão aos poucos estreitando sua visão e acabam afirmando que não há salvação a não ser por meio de Jesus.

Posso entender bem por que as religiões tendem a seguir nessa linha. Afinal, as pessoas só irão se juntar à sua igreja se lhes disserem que se trata do único caminho para a salvação. A Happy Science não afirma que o indivíduo só poderá entrar no Céu por meio da nossa organização, mas eu entendo que se trata de um princípio histórico e que, com o passar do tempo, os divulgadores da doutrina acabam querendo dizer coisas como essas. E é verdade que quanto mais as pessoas se dedicam, maior a probabilidade de que passem a agir assim.

Essa dedicação é semelhante à dos muçulmanos. Posso entender que eles sintam que devem lutar para proteger a terra de Alá contra aqueles que estão tentando destruir o islamismo. Eles também mantêm um sentimento pelo fato de que Maomé, mesmo estando em menor número que seus inimigos, venceu-os e construiu uma nação, a terra de Alá. Provavelmente é por isso que estão tentando imitá-lo, embora haja algumas diferenças entre o estado de espírito de Maomé e o deles.

O budismo e o xintoísmo japonês reconhecem vários deuses; sua ideia é próxima da adoração de um Deus Supremo

O budismo, que não é considerado monoteísta, admite a existência de muitos deuses. Segundo a maneira de pensar budista, apesar de existirem vários deuses, Buda está acima deles na hierarquia. Portanto, como o budismo ensina que Buda está acima dos deuses, a religião não é puramente monoteísta, mas está mais próxima da ideia de que existe um Deus Supremo.

O xintoísmo japonês tem alguns deuses que se destacam de todos os outros. Em alguns casos, afirma-se que Ame-no-Minakanushi-no-Kami[6] é o deus mais elevado, mas às vezes Amaterasu-Ō-Mikami[7] é cultuada acima dos demais. Há muitos outros deuses além destes que também se destacam, e eles se reúnem para discutir várias questões. Em outras palavras, o xintoísmo japonês tem realizado "assembleias nacionais" desde tempos remotos.

O xintoísmo tem um perfil religioso extremamente democrático. É claro que os deuses não fazem

---

6. O deus central no xintoísmo japonês. Seu nome significa "Deus central do universo".

7. Deusa suprema no xintoísmo japonês. É considerada a ancestral direta dos imperadores do Japão.

sessões plenárias como as que ocorrem no Parlamento, mas se reúnem de alguma forma para discutir diferentes assuntos de igual para igual; esse tipo de perfil religioso democrático é, em minha opinião, extremamente raro. Portanto, os deuses do xintoísmo japonês têm grande similaridade com os seres humanos.

O judaísmo visto da perspectiva da retidão

E quanto ao judaísmo? A nação judaica passou a existir quando Moisés liderou o êxodo do Egito. Conta-se que os judeus viveram escravizados no Egito por cerca de 400 anos, antes de partirem para o Êxodo. Embora seja bem impressionante que a atual península da Coreia tenha ficado sob domínio japonês por cerca de 35 anos, 400 anos realmente é um tempo muito longo. Se voltarmos atrás uns 400 anos na história do Japão, isso nos levará através da Era Meiji até o início da antiga Era Edo (1603-1868). Em outras palavras, o período que os judeus passaram no cativeiro equivale ao tempo transcorrido desde que Ieyasu Tokugawa estabeleceu o xogunato Edo, por volta de 1600.

Portanto, considerando que o seu deus guiou os judeus em tais circunstâncias para que fugissem do Egito e construíssem então sua nação, podemos supor que houve vários preconceitos em sua forma de pensamento. Assim sendo, é perfeitamente natural que os judeus falem mal daqueles à sua volta. Posso entender a intenção do deus deles ao elogiar os judeus, dizendo-lhes que eram melhores que todos os demais, num esforço para dar a um povo que havia sido escravo a confiança necessária para construir o próprio país. Mesmo assim, é questionável se esses ensinamentos estão de fato corretos.

A propósito, em janeiro de 2015, foi lançado no Japão o filme americano *Exodus: Gods and Kings* (exibido no Brasil como *Êxodo: Deuses e Reis*). Embora o Êxodo tenha sido retratado antes em filmes como *Os Dez Mandamentos*, agora, com o avanço da computação gráfica, cenas como a de Moisés abrindo as águas do mar Vermelho e afogando o exército de Ramsés II são um verdadeiro espetáculo.

Segundo o meu livro, a perseguição a Moisés ocorreu não durante o reinado de Ramsés II, mas no de seu filho, Merneptá[8]. Acreditamos que Moisés e Merneptá foram ambos criados por Ramsés II. Ao contrário, Hollywood se fixa em Ramsés II e sempre faz com que seja ele o perseguidor de Moisés. Ele era o governante mais poderoso do Egito, então cumpre melhor o papel de grande antagonista. É algo que

---

8. Ver *As Leis Douradas*, Ryuho Okawa (Editora Best Seller, 2001).

difere um pouco da verdade histórica, mas colocar o governante mais poderoso como antagonista de Moisés aumenta o apelo deste último. Apesar disso, por alguma razão o filme não fez muito sucesso no Japão.

Chegou a hora de rever os critérios de justiça em escala global

Apenas em anos recentes foi possível examinar os fatos em escala global. Até então, cada grupo em cada época tomava decisões com base em suas ideias centrais. Portanto, no passado, com o transporte e as comunicações menos desenvolvidos, era quase impossível pensar nas coisas em escala global. Mesmo nos dias de Hitler, havia ainda certa distância entre os países europeus. Agora, chegou finalmente o tempo em que podemos fazer uma análise em escala global. Portanto, os critérios de justiça irão mudar, perdendo seu foco étnico e ganhando uma abordagem mais universal; o fato de alguma coisa estar certa será examinado de um ponto de vista internacional.

Também há desvantagens em um enfoque que tome as decisões com base apenas em números. A decisão irá diferir em função da abordagem assumida – por exemplo, levar em conta apenas a população ou considerar que cada país tem direito a um voto, não importa sua dimensão. Portanto, um enfoque puramente numérico não deve ser adotado. Afinal, devemos explorar ao máximo o tema "O que é certo?".

A justiça pós-guerra baseia-se na crença de que a justiça consiste em preservar os sistemas das nações vitoriosas à época em que a Segunda Guerra Mundial se encerrou. Seguindo esse raciocínio, continua-se a acreditar que é um mal mudar qualquer sistema criado pelos vitoriosos da Segunda Guerra. Mas, mesmo que os países vitoriosos tenham sido abençoados na ocasião, eles podem mudar muito em setenta anos. Se alguns deles perderam força ou se deterioraram e passaram a abrigar formas de pensar que podem trazer infelicidade a outros países, é preciso que haja algum tipo de sistema internacional que atue para controlá-los e refrear suas ambições.

Tudo bem procurar a já existente ONU, mas o problema é que o Japão não é um membro permanente do Conselho de Segurança da ONU. O Japão tem direito de ser membro permanente. Isso é óbvio. É estranho que a China seja o único país asiático a ter assento permanente no Conselho de Segurança. O Japão pode atuar no sentido de unificar as opiniões de outros países asiáticos.

Com relação a isso, na Segunda Guerra Mundial os Estados Unidos justificaram a matança de japoneses chamando-os de "macacos amarelos" e "*japs*" e consideraram o conflito como uma batalha travada contra demônios. Eu gostaria que os Estados Unidos refletissem sobre o fato de que a sua propaganda em tempo de guerra foi abusiva. Mas, claro, que refletissem num nível que não destrua a relação entre os dois países.

As difamações da Coreia do Sul contra o Japão contêm resquícios de consciência étnica

Já que estamos no assunto das relações do Japão com outros países, gostaria de dizer algumas palavras sobre a Coreia do Sul. O Japão também precisa fazer esforços para melhorar suas relações com a Coreia do Sul. Até há pouco tempo, o povo japonês mostrava grande aceitação da Coreia do Sul, em função do aumento de popularidade da cultura pop coreana. Em contrapartida, parece estar havendo uma grande lavagem cerebral na Coreia do Sul, já que seus políticos se dedicam a falar mal do Japão, a fim de aumentar seus índices de aprovação.

Quanto à Coreia do Norte, as coisas chegaram a um nível em que não adianta nada conversar com eles.

Mas, como se avalia que ela tenha acumulado cem ogivas nucleares em cinco anos, alguma coisa precisa ser feita em relação a isso urgentemente.

A Coreia do Sul indiciou o antigo diretor da sede regional do jornal japonês *Sankei Shinbun* e proibiu-o de sair do país. Há um problema com esse tipo de ação[9]. Teria sido um problema se o *Sankei Shinbun* tivesse superado seus concorrentes e feito um furo de reportagem com um artigo difamatório sobre a líder sul-coreana, correndo conscientemente o risco de ter sua redação de Seul interditada, mas na realidade o jornal apenas publicou um artigo sobre um assunto que já havia sido noticiado na Coreia do Sul. Apesar disso, seu diretor foi proibido de deixar o país por "difamar a presidente".

O artigo dizia que, no episódio da crise que se instalou na Coreia do Sul depois que um navio de luxo emborcou e provocou a morte de muitas pessoas, houve um período misterioso de sete horas em que nada se soube a respeito do paradeiro da presidente, e perguntava onde estaria ela naquela oportunidade. Foi

---

9. As autoridades sul-coreanas proibiram o ex-diretor da sede de Seul do jornal *Sankei Shinbun* de sair do país e colocaram-no sob prisão domiciliar, alegando que o artigo no site do *Sankei Shinbun* de agosto de 2014 difamava a presidente Park Geun-hye. A promotoria expediu uma sentença de 18 meses de prisão para o diretor, mas, em 17 de dezembro de 2015 o Tribunal Central de Seul deu-lhe o veredito de inocente.

noticiado na Coreia do Sul que naquele momento ela estava ocupada com alguém: um amante ou um namorado, não se sabe. O chefe do *Sankei Shinbun* baseou-se nessas reportagens, mas as autoridades implicaram com seu artigo, indiciaram-no e recusaram-se a deixá-lo sair do país. O Japão não fez nada a respeito.

Além disso, um romance virou *best-seller* na Coreia do Sul a partir daquele verão. Na história, An Jung-geun, o "herói" retratado como tendo atirado no primeiro-ministro japonês Hirobumi Itō, ressuscita nos tempos atuais e tenta matar o primeiro-ministro Abe. Os japoneses são um grupo humano bastante incomum, que não se altera com esse tipo de coisa. Talvez não se incomodem muito porque, para começar, a vida de um político é como a luz de um vaga-lume, que pode se apagar a qualquer momento.

Assim, enquanto o Japão não se queixa diante do sucesso de um livro no qual An Jung-geun é ressuscitado e tenta assassinar o primeiro-ministro Abe, na Coreia do Sul um jornalista japonês é preso por escrever algo que já havia sido noticiado. Os sul-coreanos provavelmente ainda guardam ressentimento em relação ao Japão de décadas atrás, mas a verdade é que estão sendo incapazes de ir além de sua consciência étnica.

No início deste capítulo, mencionei as Unidades *Kamikaze* de Ataque Especial. Ao que parece, havia um coreano entre os seus membros, que havia se formado na Academia Militar no Japão e estava orgulhoso de participar dos ataques. A Coreia do Sul não conquistou sua independência lutando contra o Japão na última guerra. Portanto, ambos os lados precisam demonstrar mais maturidade e fazer algumas concessões em suas discussões.

6
Buscar a felicidade de todas as pessoas por meio do estabelecimento da justiça de Deus

A justiça de Deus está revelada em meus livros
As Leis do Sol, *As Leis Douradas* e
As Leis da Eternidade

Então, quais são os critérios de justiça que Deus defende? A resposta pode ser encontrada examinando o curso da história humana. Deus não espera que a história seja algo estático e monótono. Algumas pessoas se corrompem ao exercer o poder por muito tempo.

As organizações criadas pelo homem podem ser extintas depois que ultrapassam seu período de eficácia, que pode durar um, dois ou três séculos. Na opinião de alguns, as revoluções ocorrem quando uma organização fica defasada em relação ao seu tempo. Assim, para Deus, a inovação é algo natural.

Se as pessoas aqui neste mundo querem saber o que é a justiça de Deus, sugiro que leiam meus livros *As Leis do Sol*, *As Leis Douradas* e *As Leis da Eternidade* para compreenderem a filosofia que há neles. Ler os três livros não é tarefa difícil; com certeza você não vai levar a vida inteira para lê-los. A rapidez de leitura pode variar de um indivíduo para outro, mas acho que é possível ler os três em uma semana ou dez dias.

Com essa leitura, você compreenderá que há uma hierarquia de deuses: essa hierarquia vai do Deus universal, que pensa em termos de justiça global, aos deuses que pensam em regiões específicas, em países ou em grupos étnicos.

Compreenderá também que os anjos, profetas e as almas daqueles que atuam como messias às vezes vêm à Terra e criam uma religião. Em outras palavras, há diferenças entre as religiões e cada uma delas foi fundada para trazer salvação às pessoas daquela época e região.

Mesmo assim, ocorrem guerras e conflitos porque algumas crenças não se adequam mais a outra era, ou à maneira de pensar de uma região diferente. É por isso que eu pretendo acabar com essas guerras, conflitos e mal-entendidos provocados pela ignorância mútua. Tenho certeza de que, se as pessoas do mundo entenderem a filosofia ensinada em *As Leis do Sol*, *As Leis Douradas* e *As Leis da Eternidade*, encontrarão respostas a essa questão.

Na Segunda Guerra Mundial, a separação entre Igreja e Estado teve influência negativa

Vários países cristãos lutaram entre si na Segunda Guerra Mundial. Estados Unidos e Alemanha, Alemanha e França, Alemanha e Grã-Bretanha; são todos países cristãos. Conforme matavam uns aos outros, provavelmente diziam: "Senhor, perdoai-me. Amém". Todos lutavam em nome de Deus, portanto, não havia o que fazer.

Jesus uma vez disse algo que poderia ser tomado como a base da separação entre Igreja e Estado: "Dai, pois, a César o que é de César, e a Deus o que é de Deus". No entanto, sinto que essa separação entre Igreja e Estado tem um efeito negativo.

Fico imaginando o que teria acontecido se não houvesse separação entre Igreja e Estado, e as pessoas tivessem seguido estritamente as palavras de Cristo na política. Dado que a diplomacia é uma extensão da política e a guerra uma extensão da diplomacia, se elas tivessem mantido vivo o espírito cristão em tempos de guerra, não teriam sido capazes de se envolver naquela carnificina sem sentido. Mas a política se separou da religião, e isso talvez tenha piorado as coisas.

A administração de Deus opera além das fronteiras das religiões em cada país

As raízes do islamismo e do xintoísmo japonês são surpreendentemente similares, e as duas religiões compartilham vários aspectos. Ambas acreditam que o país deve ser governado por alguém próximo de Deus. Ambas têm uma profusão de deuses da guerra. Nesse sentido, são bastante parecidas. Vou tentar esclarecer gradualmente as partes comuns entre o xintoísmo japonês, o islamismo e o judaísmo.

Também confirmei a verdade espiritual de que as almas dos santos cristãos estão reencarnando como líderes de várias outras religiões no Japão. As pessoas não são capazes de transcender facilmente sua nacionalidade, mas algumas almas transcendem a nacionalidade e se movimentam com surpreendente liberdade pelo mundo.

Vou explicar isso com o exemplo de uma empresa. Ela possui vários departamentos, alguns deles mais fracos, outros mais fortes. Numa empresa, há um esforço para assegurar que tudo corra de modo fluente fazendo uma transferência de pessoal, examinando-se quem é mais adequado a cada departamento. O mesmo tipo de esforço é feito no mundo religioso. Deus age realmente como administrador.

O que quero dizer é o seguinte: o maior desejo de Deus é que muitas pessoas – se possível todas, sem exceção – vivam felizes.

O Deus Supremo deseja concretizar a felicidade de todas as pessoas

Muitos estudiosos especializados em política internacional costumam usar a parábola do cristianismo para explicar o princípio da política. Eles dizem que, se uma ovelha se desgarra de um rebanho de 100, o princípio da política é conduzir as 99 ovelhas restantes até um local seguro, enquanto o princípio da religião é concentrar todo o esforço para recuperar a ovelha desgarrada.

Porém, o que eu ensino na Happy Science é diferente. Não digo às pessoas para salvarem a ovelha que se extraviou mesmo que tenha de abandonar as outras 99. Digo que você também deve proteger as 99 enquanto trata de encontrar a ovelha perdida. Talvez esteja pedindo demais, mas eu digo às pessoas que façam as duas coisas. Em outras palavras, mesmo tendo em mente trazer a maior felicidade possível ao maior número de pessoas, precisamos cuidar também daqueles que escapuliram pela rede de segurança. Mas também não se deve organizar tudo em função dos que escapuliram dessa rede.

A recente "Hipótese Piketty", do economista francês Thomas Piketty, condena a crescente desigualdade de renda, e propõe nivelar tudo segundo os mais pobres. Mas isso nada mais é do que marxismo; e só tornará o mundo mais pobre. Em um mundo de pobreza, as pessoas não serão mais capazes de se ajudar, portanto não vamos almejar a pobreza. É impossível distribuir riqueza a não ser que haja abundância. Não deve haver um equívoco como esse em sua maneira fundamental de pensar. Ou seja, é errado construir toda uma teoria por causa da ovelha desgarrada.

A religião começou a declinar ao mesmo tempo que surgia o marxismo, porque essa doutrina incluía parte de um princípio fundamental da religião. De fato, no âmbito da política o marxismo promoveu a ideia de que "A razão está do lado dos mais fracos".

Na realidade, não é possível haver governo ou administração sem o apoio da maioria. Isso é verdadeiro, segundo o princípio da governança. Portanto, é necessário prestar atenção tanto aos ricos quanto aos pobres, de uma maneira bem equilibrada.

Deus deseja a prosperidade de todos os países, assim como uma prosperidade global que traga harmonia a todos os países de uma mesma era. Quando surgem conflitos, contradições ou guerras devido a maneiras diferentes de pensar, naturalmente haverá um ajuste que trará reconciliação e produzirá a paz. Alguém poderá se erguer para se opor à guerra ou um anjo de luz poderá aparecer como um político ou um militar corajoso e esmagar aqueles que se dedicam a produzir o mal. Com isso, um princípio irá operar de vários modos para fazer cessar tais conflitos.

Enquanto o princípio do utilitarismo almeja alcançar a maior felicidade do maior número possível de pessoas, Deus na realidade espera realizar a felicidade não só da maioria das pessoas, mas de todas elas. Com relação às felicidades que não conseguiu realizar, Deus envia constantemente vários líderes à Terra para realizá-

-las. Gostaria que você ficasse ciente de que existe esse tipo de "administração de Deus" no nível global.

É isso o que a Happy Science está ensinando. Acredito que, conforme os nossos ensinamentos se espalharem pelo mundo, as pessoas serão capazes de aprofundar sua mútua compreensão e tomar decisões melhores, avaliando com mais cuidado o que precisa ser feito. Ao mesmo tempo, diante de algum país que pensar apenas no próprio benefício e cometer violações a outros países, deveremos fazer o melhor para resistir e detê-lo, não importa quais sejam suas alegações.

A Happy Science tem por objetivo superar os conflitos com países ateístas e materialistas e dar solução ao ódio causado por diferenças de religião ao redor do mundo. Queremos ser uma religião que continue a enviar a mensagem: "Supere o ódio e abrace o amor".

Mensagem a você 6

ASSIMILE O QUE É VERDADEIRAMENTE CERTO

Pode parecer que os meios de comunicação japoneses
Têm a liberdade de publicar e veicular o que querem,
Mas há diferenças de nível, mesmo dentro dela.
Neste momento está se formando
Uma linha divisória clara
Entre a mídia que recebe as bênçãos de Deus
E a que não as recebe.
Sem dúvida, isso está ocorrendo,
Pois a Happy Science tem deixado claro
O que é o bem e o que é o mal.
Restringir as declarações a fim de negar Deus,
Buda, os espíritos ou o Mundo Espiritual
É o mesmo que sucumbir
Aos sistemas políticos atuais
Da Coreia do Norte e da China.

Estamos trabalhando arduamente em busca da
Verdade religiosa.
Ao mesmo tempo,
Também estamos nos esforçando
Visando a liberdade política, os direitos políticos
E a Utopia aqui na Terra, todos os dias.
Ao fazer isso, nunca devemos esquecer o seguinte:
"Pense no que é certo
Da perspectiva de Deus.
Com base nisso, decida as medidas políticas
E a direção que este país deve tomar."
A resposta está escrita nos diversos livros
Que publiquei.

Quero dizer isso às pessoas do mundo inteiro.
A Happy Science manifesta opiniões sobre justiça
Assim como sobre as coisas que vão contra a justiça.

Algumas das coisas que dizemos
Podem estar em conflito
Com o sistema político de algum país,
Com seu sistema econômico
Ou com a atitude dele em relação à fé.
No entanto, por favor, vamos amadurecer.
Sejamos maduros e assimilemos
O que é verdadeiramente certo.
O futuro na Terra irá se abrir
Na direção para a qual meu dedo está apontando.
Jamais desistiremos de lutar
Até o dia em que a justiça global seja estabelecida.

Trecho da palestra *O que é a justiça global?*

Posfácio

Com este livro, fui além do âmbito de um trabalho acadêmico. Em outras palavras, poderia dizer que assumi o desafio de colocar as revelações de Deus como um tema de estudo acadêmico.

Busquei formular uma imagem de como a justiça deveria ser neste mundo, vista da perspectiva de Deus ou de Buda. Para isso, fui além do conhecimento acadêmico de destacados estudiosos do Japão e do mundo, assim como do saber de primeiros-ministros e presidentes. Alguns de meus leitores sentirão nestas palavras a presença de Deus no nível global.

Esta obra irá exercer tremenda influência nas diversas áreas acadêmicas que temos hoje. Além disso, criará ondas que repercutirão no mundo futuro, com um efeito que vai além da imaginação.

Espero que as pessoas que encaram a religião como uma simples superstição ou lavagem cerebral reflitam sobre a própria ignorância e falta de instrução. Este livro é o DNA que irá criar nossa futura sociedade.

Ryuho Okawa
Dezembro de 2015

Sobre o autor

O mestre Ryuho Okawa começou a receber mensagens de grandes personalidades da história – Jesus, Buda e outros seres celestiais – em 1981. Esses seres sagrados vieram com mensagens apaixonadas e urgentes, rogando que ele transmitisse às pessoas na Terra a sabedoria divina deles. Assim se revelou o chamado para que ele se tornasse um líder espiritual e inspirasse pessoas no mundo todo com as Verdades espirituais sobre a origem da humanidade e sobre a alma, por tanto tempo ocultas. Esses diálogos desvendaram os mistérios do Céu e do Inferno e se tornaram a base sobre a qual o mestre Okawa construiu sua filosofia espiritual. À medida que sua consciência espiritual se aprofundou, ele compreendeu que essa sabedoria continha o poder de ajudar a humanidade a superar conflitos religiosos e culturais e conduzi-la a uma era de paz e harmonia na Terra.

Pouco antes de completar 30 anos, o mestre Okawa deixou de lado uma promissora carreira de negócios para se dedicar totalmente à publicação das mensagens que recebeu do Mundo Celestial. Desde então, até o final de dezembro de 2015, alcançou a marca de 2.000 livros lançados, tornando-se um autor de grande sucesso no Japão e no mundo. A universalidade da sabedoria que ele compartilha, a profundidade de sua filosofia religiosa e espiritual e a clareza e compaixão de suas mensagens continuam a atrair milhões de leitores. Além de seu trabalho contínuo como escritor, o mestre Okawa dá palestras públicas pelo mundo todo.

Transmissão de palestras em mais de 3.500
locais ao redor do mundo

Desde a fundação da Happy Science em 1986, o mestre Ryuho Okawa proferiu mais de 2.400 palestras. Esta foto é do Evento de Celebração da Palestra da Descida do Senhor, realizada na Super Arena Saitama no Japão, em 8 de julho de 2014. Na palestra intitulada "A Grande Estratégia para a Prosperidade", o mestre ensinou que não devemos nos apoiar num grande governo e que, caso surja um país ambicioso, devemos mostrar ao seu povo qual é o caminho correto. Ele também ensina que é importante construir um futuro de paz na prosperidade com os esforços e a perseverança de cada indivíduo independente. Mas de 17 mil pessoas compareceram ao estádio principal e o evento foi também transmitido ao vivo para mais de 3.500 locais ao redor do mundo.

• AS LEIS DA JUSTIÇA •

Mais de 2 mil livros publicados

Os livros do mestre Ryuho Okawa foram traduzidos em 28 línguas e vêm sendo cada vez mais lidos no mundo inteiro. Em 2010, ele recebeu menção no livro *Guinness World Records* por ter publicado 52 livros em um ano. Ao longo de 2013, publicou 106 livros. Até dezembro de 2015, o número de livros publicados pelo mestre Okawa chegou a 2 mil.

Entre eles, há também muitas mensagens de espíritos de grandes figuras históricas e de espíritos guardiões de importantes personalidades que vivem no mundo atual.

Sobre a Happy Science

Em 1986, o mestre Ryuho Okawa fundou a Happy Science, um movimento espiritual empenhado em levar mais felicidade à humanidade pela superação de barreiras raciais, religiosas e culturais, e pelo trabalho rumo ao ideal de um mundo unido em paz e harmonia. Apoiada por seguidores que vivem de acordo com as palavras de iluminada sabedoria do mestre Okawa, a Happy Science tem crescido rapidamente desde sua fundação no Japão e hoje conta com mais de 20 milhões de membros em todo o globo, com templos locais em Nova York, Los Angeles, São Francisco, Tóquio, Londres, Paris, Düsseldorf, Sydney, São Paulo e Seul, dentre as principais cidades. Semanalmente o mestre Okawa ensina nos Templos da Happy Science e viaja pelo mundo dando palestras abertas ao público.

A Happy Science possui vários programas e serviços de apoio às comunidades locais e pessoas necessitadas, como programas educacionais pré e pós-escolares para jovens e serviços para idosos e pessoas com necessidades especiais. Os membros também participam de atividades sociais e beneficentes, que no passado incluíram ajuda humanitária às vítimas de terremotos na China e no Japão, levantamento de fundos para uma escola na Índia e doação de mosquiteiros para hospitais em Uganda.

Programas e Eventos

Os templos locais da Happy Science oferecem regularmente eventos, programas e seminários. Junte-se às nossas sessões de meditação, assista às nossas palestras, participe dos grupos de estudo, seminários e eventos literários. Nossos programas ajudarão você a:
- aprofundar sua compreensão do propósito e significado da vida;
- melhorar seus relacionamentos conforme você aprende a amar incondicionalmente;
- aprender a tranquilizar a mente mesmo em dias estressantes, pela prática da contemplação e da meditação;
- aprender a superar os desafios da vida e muito mais.

Seminários Internacionais

Anualmente, amigos do mundo inteiro comparecem aos nossos seminários internacionais, que ocorrem em nossos templos no Japão. Todo ano são oferecidos programas diferentes sobre diversos tópicos, entre eles como melhorar relacionamentos praticando os Oito Corretos Caminhos para a iluminação e como amar a si mesmo.

Contatos

BRASIL www.happyscience-br.org

SÃO PAULO (Matriz)	R. Domingos de Morais 1154, Vila Mariana, São Paulo, SP, CEP 04010-100 TEL. 55-11-5088-3800 FAX 5511-5088-3806, **sp@happy-science.org**
Zona Sul	R. Domingos de Morais 1154, 1º and., Vila Mariana, São Paulo, SP, CEP 04010-100 TEL. 55-11-5088-3800 FAX 5511-5574-8164, **sp_sul@happy-science.org**
Zona Leste	R. Fernão Tavares 124, Tatuapé, São Paulo, SP, CEP 03306-030 TEL. 55-11-2295-8500 FAX 5511-2295-8505, **sp_leste@happy-science.org**
Zona Oeste	R. Grauçá 77, Vila Sônia, São Paulo, SP, CEP 05626-020 TEL. 55-11-3061-5400, **sp_oeste@happy-science.org**
CAMPINAS	Rua Joana de Gusmão, 187, Jardim Guanabara, Campinas, SP, CEP 13073-370 TEL. 55-19-3255-3346
CAPÃO BONITO	Rua General Carneiro, 306, Centro, Capão Bonito, SP, CEP 18300-030 TEL. 55-15-3542-5576
JUNDIAÍ	Rua Congo 447, Jd. Bonfiglioli, Jundiaí, SP, CEP 13207-340 TEL. 55-11-4587-5952, **jundiai@happy-science.org**
LONDRINA	Av. Presidente Castelo Branco, 580, Jardim Presidente, Londrina, PR, CEP 86061-335 TEL. 55-43-3347-3254
SANTOS	Rua Itororó 29, Centro, Santos, SP, CEP 11010-070 TEL. 55-13-3219-4600, **santos@happy-science.org**
SOROCABA	Rua Dr. Álvaro Soares 195, sala 3, Centro, Sorocaba, SP, CEP 18010-190 TEL. 55-15-3359-1601, **sorocaba@happy-science.org**
RIO DE JANEIRO	Largo do Machado 21, sala 607, Catete, Rio de Janeiro, RJ, CEP 22221-020 TEL. 55-21-3243-1475, **riodejaneiro@happy-science.org**

INTERNACIONAL www. happyscience.org

ÁFRICA

ACRA (Gana)	28 Samora Machel Street, Asylum Down, Acra, Gana **TEL**. 233-30703-1610, **ghana@happy-science.org**
DURBAN (África do Sul)	55 Cowey Road, Durban 4001, África do Sul **TEL**. 031-2071217 **FAX** 031-2076765, **southafrica@happy-science.org**
KAMPALA (Uganda)	Plot 17 Old Kampala Road, Kampala, Uganda P.O. Box 34130, **TEL**. 256-78-4728601 **uganda@happy-science.org**, **www.happyscience-uganda.org**
LAGOS (Nigéria)	1st Floor, 2A Makinde Street, Alausa, Ikeja, Off Awolowo Way, Ikeja-Lagos State, Nigéria, **TEL**. 234-805580-2790, **nigeria@happy-science.org**

AMÉRICA

FLÓRIDA (EUA)	12208 N 56th St., Temple Terrace, Flórida, EUA 33617 **TEL**. 813-914-7771 **FAX** 813-914-7710, **florida@happy-science.org**
HONOLULU (EUA)	1221 Kapiolani Blvd, Suite 920, Honolulu, Havaí 96814, EUA **TEL**. 1-808-591-9772 **FAX** 1-808-591-9776, **hi@happy-science.org, www.happyscience-hi.org**
LIMA (Peru)	Av. Angamos Oeste 354, Miraflores, Lima, Peru, **TEL**. 51-1-9872-2600, **peru@happy-science.org, www.happyscience.jp/sp**
LOS ANGELES (EUA)	1590 East Del Mar Blvd., Pasadena, CA 91106, EUA, **TEL**. 1-626-395-7775 **FAX** 1-626-395-7776, **la@happy-science.org, www.happyscience-la.org**
MÉXICO	Av. Insurgentes Sur 1443, Col. Insurgentes Mixcoac, México 03920, D.F. **mexico@happy-science.org, www.happyscience.jp/sp**
NOVA YORK (EUA)	79 Franklin Street, Nova York 10013, EUA, **TEL**. 1-212-343-7972 **FAX** 1-212-343-7973, **ny@happy-science.org, www.happyscience-ny.org**

• CONTATOS •

SÃO FRANCISCO (EUA)	525 Clinton St., Redwood City, CA 94062, EUA TEL./FAX 1-650-363-2777, sf@happy-science.org, www.happyscience-sf.org
TORONTO (Canadá)	323 College St., Toronto ON Canadá M5T 1S2 TEL. 1-416-901-3747, **toronto@happy-science.org**

ÁSIA

BANCOC (Tailândia)	Entre Soi 26-28, 710/4 Sukhumvit Rd., Klongton, Klongtoey, Bancoc 10110 TEL. 66-2-258-5750 FAX 66-2-258-5749, **bangkok@happy-science.org**
CINGAPURA	190 Middle Road #16-05, Fortune Centre, Cingapura 188979 TEL. 65 6837 0777/ 6837 0771 FAX 65 6837 0772, **singapore@happy-science.org**
COLOMBO (Sri Lanka)	Nº 53, Ananda Kumaraswamy Mawatha, Colombo 7, Sri Lanka TEL. 94-011-257-3739, **srilanka@happy-science.org**
HONG KONG	Unit A, 3/F-A Redana Centre, 25 Yiu Wa Street, Causeway Bay TEL. 85-2-2891-1963, **hongkong@happy-science.org**
KATMANDU (Nepal)	Kathmandu Metropolitan City, Ward No-9, Gaushala, Surya Bikram Gynwali Marga, House Nº 1941, Katmandu TEL. 977-0144-71506, **nepal@happy-science.org**
MANILA (Filipinas)	Gold Loop Tower A 701, Escriva Drive Ortigas Center Pasig City 1605, Metro Manila, Filipinas, TEL. 09472784413, **philippines@happy-science.org**
NOVA DÉLI (Índia)	314-319, Aggarwal Square Plaza, Plot-8, Pocket-7, Sector-12, Dwarka, Nova Déli-7S, Índia TEL. 91-11-4511-8226, **newdelhi@happy-science.org**
SEUL (Coreia do Sul)	162-17 Sadang3-dong, Dongjak-gu, Seoul, Coreia do Sul TEL. 82-2-3478-8777 FAX 82-2-3478-9777, **korea@happy-science.org**
TAIPÉ (Taiwan)	Nº 89, Lane 155, Dunhua N. Rd., Songshan District, Cidade de Taipé 105, Taiwan TEL. 886-2-2719-9377 FAX 886-2-2719-5570, **taiwan@happy-science.org**

TÓQUIO (Japão)	6F 1-6-7 Togoshi, Shinagawa, Tóquio, 142-0041, Japão, TEL. 03-6384-5770 FAX 03-6384-5776, tokyo@happy-science.org, www.happy-science.jp

EUROPA

DÜSSELDORF (Alemanha)	Klosterstr. 112, 40211 Düsseldorf, Alemanha web: http://hs-d.de/ TEL. 49-211-93652470 FAX 49-211-93652471, germany@happy-science.org
FINLÂNDIA	finland@happy-science.org
LONDRES (GBR)	3 Margaret Street, London W1W 8RE, Grã-Bretanha TEL. 44-20-7323-9255 FAX 44-20-7323-9344 eu@happy-science.org, www.happyscience-eu.org
PARIS (França)	56, rue Fondary 75015 Paris, França TEL. 33-9-5040-1110 FAX 33-9-55401110 france@happy-science.org, www.happyscience-fr.org
VIENA (Áustria)	Zentagasse 40-42/1/1b, 1050, Viena, Áustria/EU TEL./ FAX 43-1-9455604, austria-vienna@happy-science.org

OCEANIA

AUCKLAND (Nova Zelândia)	409A Manukau Road, Epsom 1023, Auckland, Nova Zelândia TEL. 64-9-630-5677 FAX 64 9 6305676, newzealand@happy-science.org
SYDNEY (Austrália)	Suite 17, 71-77 Penshurst Street, Willoughby, NSW 2068, Austrália TEL. 61-2-9967-0766 FAX 61-2-9967-0866, sydney@happy-science.org

Partido da Realização da Felicidade

O Partido da Realização da Felicidade (PRF) foi fundado no Japão em maio de 2009 pelo mestre Ryuho Okawa como parte do Grupo Happy Science, para oferecer soluções concretas e práticas a assuntos atuais, como as ameaças militares da Coreia do Norte e da China e a recessão econômica de longo prazo. O PRF objetiva implementar reformas radicais no governo japonês, a fim de trazer paz e prosperidade ao Japão. Para isso, o PRF propõe duas medidas principais:

1. Fortalecer a segurança nacional e a aliança Japão--EUA, que tem papel vital para a estabilidade da Ásia.
2. Melhorar a economia japonesa implementando cortes drásticos de impostos, adotando medidas monetárias facilitadoras e criando novos grandes setores.

O PRF defende que o Japão deve oferecer um modelo de nação religiosa que permita a coexistência de valores e crenças diversos, e que contribua para a paz global.

Para mais informações, visite en.hr-party.jp

Universidade Happy Science

O espírito fundador e a meta da educação

Com base na filosofia fundadora da universidade, que é de "Busca da felicidade e criação de uma nova civilização", são oferecidos educação, pesquisa e estudos para ajudar os estudantes a adquirirem profunda compreensão, assentada na crença religiosa, e uma expertise avançada, para com isso produzir "grandes talentos de virtude" que possam contribuir de maneira abrangente para servir o Japão e a comunidade internacional.

Visão geral das faculdades e departamentos

– Faculdade de Felicidade Humana, Departamento de Felicidade Humana

Nesta faculdade, os estudantes examinam as ciências humanas a partir de vários pontos de vista, com uma abordagem multi-disciplinar, a fim de poder explorar e vislumbrar um estado ideal dos seres humanos e da sociedade.

– **Faculdade de Administração de Sucesso, Departamento de Administração de Sucesso**
Esta faculdade tem por objetivo tratar da administração de sucesso, ajudando entidades organizacionais de todo tipo a criar valor e riqueza para a sociedade e contribuir para a felicidade e o desenvolvimento da administração e dos empregados, assim como da sociedade como um todo.

– **Faculdade da Indústria Futura, Departamento de Tecnologia Industrial**
O objetivo desta faculdade é formar engenheiros capazes de resolver várias das questões enfrentadas pela civilização moderna, do ponto de vista tecnológico, contribuindo para criar novos setores no futuro.

Academia Happy Science
Escola Secundária de Primeiro e Segundo Grau

A Academia Happy Science de Primeiro e Segundo Grau é uma escola em período integral fundada com o objetivo de educar os futuros líderes do mundo para que tenham uma visão ampla, perseverem e assumam novos desafios. Hoje há dois *campi* no Japão: o Campus Sede de Nasu, na província de Tochigi, fundado em 2010, e o Campus Kansai, na província de Shiga, fundado em 2013.

Filmes da Happy Science

O mestre Okawa é criador e produtor executivo de nove filmes, que receberam vários prêmios e reconhecimento ao redor do mundo.

Títulos dos filmes:

- *As Terríveis Revelações de Nostradamus* (1994)
- *Hermes – Ventos do Amor* (1997)
- *As Leis do Sol* (2000)
- *As Leis Douradas* (2003)
- *As Leis da Eternidade* (2006)
- *O Renascimento de Buda* (2009)
- *O Julgamento Final* (2012)
- *As Leis Místicas* (2012)

As Leis Místicas
Vencedor do
"Prêmio Remi Especial do Júri 2013"
para Produções Teatrais no Festival de Cinema
Internacional WorldFest de Houston

Outros Prêmios:
- "Festival de Cinema Internacional de Palm Beach" (Indicado entre os Melhores da Seleção Oficial)
- "Festival de Cinema Asiático de Dallas" Seleção Oficial
- "4º Festival Anual Proctors de Animação" Seleção Oficial
- "Festival Europa de Filmes Budistas" Seleção Oficial
- "Festival do Filme Japonês de Hamburgo" Seleção Oficial
- "Monstra do Festival de Filmes de Animação de Lisboa", Seleção Oficial

As Leis do Universo
- Parte 0 (2015)

Para mais informações, visite www.asleisdouniversoparte0.com.br

Outros livros de Ryuho Okawa

SÉRIE LEIS

As Leis do Sol
A Gênese e o Plano de Deus
IRH Press do Brasil

Neste livro poderoso, Ryuho Okawa revela a natureza transcendental da consciência e os segredos do nosso universo multidimensional, bem como o lugar que ocupamos nele. Ao compreender as leis naturais que regem o universo, e desenvolver sabedoria através da reflexão com base nos Oito Corretos Caminhos ensinados no budismo, o autor tem como acelerar nosso eterno processo de desenvolvimento e ascensão espiritual. Edição revista e ampliada.

As Leis Douradas
O Caminho para um Despertar Espiritual
Editora Best Seller

Os Grandes Espíritos Guias de Luz, como Buda Shakyamuni e Jesus Cristo, sempre estiveram aqui para cuidar do nosso desenvolvimento espiritual. Este livro traz a visão do Supremo Espírito que rege o Grupo Espiritual da Terra, El Cantare, revelando como o plano de Deus tem se concretizado.

As Leis da Salvação
Fé e a Sociedade Futura
IRH Press do Brasil

O livro analisa o tema da fé e traz explicações relevantes para qualquer pessoa, pois ajudam a elucidar os mecanismos da vida e o que ocorre depois dela, permitindo que os seres humanos adquiram maior grau de compreensão, progresso e felicidade. Também aborda questões importantes, como a verdadeira natureza do homem enquanto ser espiritual, a necessidade da religião, a existência do bem e do mal, o papel das escolhas, a possibilidade do apocalipse, o caminho da fé e a esperança no futuro, entre outros.

As Leis da Eternidade
A Revelação dos Segredos das Dimensões Espirituais do Universo
Editora Cultrix

Cada uma de nossas vidas é parte de uma série de vidas cuja realidade se assenta no outro mundo espiritual. Neste livro, Ryuho Okawa revela os aspectos multidimensionais do Outro Mundo, suas características e leis, e explica por que é essencial compreendermos sua estrutura, e percebermos a razão de nossa vida – como parte da preparação para a Era Dourada que está por se iniciar.

As Leis Místicas
Transcendendo as Dimensões Espirituais
IRH Press do Brasil

A humanidade está entrando numa nova era de despertar espiritual graças a um grandioso pla-

• Outros livros de Ryuho Okawa •

no, estabelecido há mais de 150 anos pelos espíritos superiores. Aqui são esclarecidas questões sobre espiritualidade, ocultismo, misticismo, hermetismo, possessões e fenômenos místicos, canalizações, comunicações espirituais e milagres que não foram ensinados nas escolas nem nas religiões. Você compreenderá o verdadeiro significado da vida na Terra, fortalecerá sua fé e religiosidade, despertando o poder de superar seus limites e até manifestar milagres por meio de fenômenos sobrenaturais.

As Leis da Felicidade
Os Quatro Princípios para uma
Vida Bem-Sucedida
Editora Cultrix

O autor ensina que, se as pessoas conseguem dominar os Princípios da Felicidade – Amor, Conhecimento, Reflexão e Desenvolvimento –, elas podem fazer sua vida brilhar, tanto neste mundo como no outro, pois esses princípios são os que conduzem as pessoas à verdadeira felicidade.

As Leis da Imortalidade
O Despertar Espiritual para uma
Nova Era Espacial
IRH Press do Brasil

Milagres ocorrem o tempo todo à nossa volta.
Aqui, o mestre Okawa revela as verdades sobre os fenômenos espirituais e ensina que as leis espirituais eternas realmente existem, e como elas moldam o nosso planeta e os outros além deste. Milagres e ocorrências espirituais dependem não só do Mundo Celestial, mas sobretudo de cada um de nós e do poder contido em nosso interior – o poder da fé.

As Leis da Sabedoria
Faça Seu Diamante Interior Brilhar
IRH Press do Brasil

Neste livro, Okawa descreve, sob diversas óticas, a sabedoria que devemos adquirir na vida. Apresenta valiosos conceitos sobre o modo de viver, dicas para produção intelectual e os segredos da boa gestão empresarial. Depois da morte, a única coisa que o ser humano pode levar de volta consigo para o outro mundo é seu "coração". E dentro dele reside a "sabedoria", a parte que preserva o brilho de um diamante. A Iluminação na vida moderna é um processo diversificado e complexo. No entanto, o mais importante é jogar um raio de luz sobre seu modo de vida e, com seus próprios esforços, produzir magníficos cristais durante sua preciosa passagem pela Terra.

As Leis do Futuro
Os Sinais da Nova Era
IRH Press do Brasil

O futuro está em suas mãos. O destino não é algo imutável e pode ser alterado por seus pensamentos e suas escolhas. Podemos encontrar o Caminho da Vitória usando a força do pensamento para obter sucesso material e espiritual. O desânimo e o fracasso não existem de fato: são lições para o nosso aprimoramento na Terra. Ao ler este livro, a esperança renascerá em seu coração e você cruzará o portal para a nova era.

• Outros livros de Ryuho Okawa •

As Leis da Perseverança
*Como Romper os Dogmas da Sociedade e
Superar as Fases Difíceis da Vida*
IRH Press do Brasil

Nesta obra, você compreenderá que pode mudar sua maneira de pensar e vencer os obstáculos que o senso comum da sociedade colocam em nosso caminho. Aqui, o mestre Okawa compartilha seus segredos no uso da perseverança e do esforço para fortalecer sua mente, superar suas limitações e resistir ao longo do caminho que o conduzirá a uma vitória infalível.

Série Entrevistas Espirituais

A Última Mensagem de Nelson Mandela para o Mundo
*Uma Conversa com Madiba Seis Horas
Após Sua Morte*
IRH Press do Brasil

A Série Entrevistas Espirituais traz mensagens de espíritos famosos e revolucionários da história da humanidade e de espíritos guardiões de pessoas ainda encarnadas. Nelson Mandela veio até o mestre Okawa após seu falecimento e transmitiu sua última mensagem de amor e justiça para todos, antes de retornar ao Mundo Espiritual. Porém, a revelação mais surpreendente deste livro é que Mandela é um Grande Anjo de Luz, trazido a este mundo para promover a justiça divina.

Walt Disney
Os Segredos da Magia que Encanta as Pessoas
IRH Press do Brasil

Nesta entrevista espiritual, Walt Disney – o criador de Mickey Mouse e fundador do império conhecido como Disney World – nos revela os segredos do sucesso que o consagrou como um dos mais bem-sucedidos empresários da área de entretenimento do mundo contemporâneo.

A Verdade sobre o Massacre de Nanquim
Revelações de Iris Chang
IRH Press do Brasil

Iris Chang ganhou notoriedade após lançar, em 1997, *O Estupro de Nanquim*, em que denuncia as atrocidades cometidas pelo Exército Imperial Japonês na Guerra Sino-Japonesa, em 1938-39. Atualmente, porém, essas afirmações vêm sendo questionadas. Para esclarecer o assunto, Okawa invocou o espírito da jornalista dez anos após sua morte e revela, aqui, o estado de Chang à época de sua morte e a grande possibilidade de uma conspiração por trás de seu livro.

O Próximo Grande Despertar
Um Renascimento Espiritual
IRH Press do Brasil

Esta obra traz revelações surpreendentes, que podem desafiar suas crenças. São mensagens transmitidas pelos Espíritos Superiores ao mestre Okawa, para que você compreenda a verdade sobre o que chamamos

• OUTROS LIVROS DE RYUHO OKAWA •

de "realidade". Se você ainda não está convencido de que há muito mais coisas do que aquilo que podemos ver, ouvir, tocar e experimentar; se você ainda não está certo de que os Espíritos Superiores, os Anjos da Guarda e os alienígenas existem aqui na Terra, então leia este livro.

Mensagens do Céu
Revelações de Jesus, Buda, Moisés e Maomé para o mundo moderno
IRH Press do Brasil

Ryuho Okawa compartilha as mensagens desses quatro espíritos, recebidas por comunicação espiritual, e o que eles desejam que as pessoas da presente época saibam. Jesus envia mensagens de amor, fé e perdão; Buda ensina sobre o "eu" interior, perseverança, sucesso e iluminação na vida terrena; Moisés explora o sentido da retidão, do pecado e da justiça; e Maomé trata de questões sobre a tolerância, a fé e os milagres. Você compreenderá como esses líderes religiosos influenciaram a humanidade ao expor sua visão a respeito das Verdades universais e por que cada um deles era um mensageiro de Deus empenhado em guiar as pessoas.

Mensagens de Jesus Cristo
A Ressurreição do Amor
Editora Cultrix

Assim como muitos outros Espíritos Superiores, Jesus Cristo tem transmitido diversas mensagens espirituais ao mestre Okawa, cujo objetivo é orientar a humanidade e despertá-la para uma nova era de espiritualidade.

Série Autoajuda

Estou bem!
7 Passos para uma Vida Feliz
IRH Press do Brasil

Diferentemente dos textos de autoajuda escritos no Ocidente, este livro traz filosofias universais que irão atender às necessidades de qualquer pessoa. Um tesouro repleto de reflexões que transcendem as diferenças culturais, geográficas, religiosas e raciais. É uma fonte de inspiração e transformação que dá instruções concretas para uma vida feliz. Seguindo os passos deste livro, você poderá dizer "Estou bem!" com convicção e um sorriso amplo, onde quer que esteja e diante de qualquer circunstância que a vida lhe apresente.

THINK BIG – Pense Grande
O Poder para Criar o Seu Futuro
IRH Press do Brasil

Tudo na vida das pessoas manifesta-se de acordo com o pensamento que elas mantêm diariamente em seu coração. A ação começa dentro da mente. A capacidade de criar de cada pessoa limita-se à sua capacidade de pensar. Ao conhecermos a Verdade sobre o poder do pensamento, teremos em nossas mãos o poder da prosperidade, da felicidade, da saúde e da liberdade de seguir nossos rumos, independentemente das coisas que nos prendem a este mundo material. Com este livro, você aprenderá o verdadeiro significado do Pensamento Positivo e como usá-lo de forma efetiva para concretizar seus sonhos. Leia e descubra como ser positivo, corajoso e realizar seus sonhos.

• Outros livros de Ryuho Okawa •

Pensamento Vencedor
Estratégia para Transformar o Fracasso em Sucesso
Editora Cultrix

Este pensamento baseia-se nos ensinamentos de reflexão e desenvolvimento necessários para superar as dificuldades da vida e obter prosperidade. Ao estudar esta filosofia e colocá-la em prática, você será capaz de declarar que não existe derrota – só o sucesso.

Mude Sua Vida, Mude o Mundo
Um Guia Espiritual para Viver Agora
IRH Press do Brasil

Este livro é uma mensagem de esperança, que contém a solução para o estado de crise em que nos encontramos hoje. É um chamado para nos fazer despertar para a Verdade de nossa ascendência, para que todos nós, como irmãos, possamos reconstruir o planeta e transformá--lo numa terra de paz, prosperidade e felicidade.

A Mente Inabalável
Como Superar as Dificuldades da Vida
IRH Press do Brasil

Muitas vezes somos incapazes de lidar com os obstáculos da vida, sejam eles problemas pessoais ou profissionais, tragédias inesperadas ou dificuldades que nos acompanham há tempos. Para o autor, a melhor solução para tais situações é ter uma mente inabalável. Neste livro, ele descreve maneiras de adquirir confiança em si mesmo e alcançar o crescimento espiritual, adotando como base uma perspectiva espiritual.

SÉRIE FELICIDADE

O Caminho da Felicidade
Torne-se um Anjo na Terra
IRH Press do Brasil

Aqui se encontra a íntegra dos ensinamentos das Verdades espirituais transmitidas por Ryuho Okawa e que serve de introdução aos que buscam o aperfeiçoamento espiritual. Okawa apresenta "Verdades Universais" que podem transformar sua vida e conduzi-lo para o caminho da felicidade. A sabedoria contida neste livro é intensa e profunda, porém simples, e pode ajudar a humanidade a alcançar uma era de paz e harmonia na Terra.

As Chaves da Felicidade
*Os 10 Princípios para Manifestar a
Sua Natureza Divina*
Editora Cultrix

O autor ensina os 10 princípios básicos – Felicidade, Amor, Coração, Iluminação, Desenvolvimento, Conhecimento, Utopia, Salvação, Reflexão e Oração – que servem de bússola para nosso crescimento espiritual e felicidade.

Manifesto do Partido da Realização da Felicidade
Um Projeto para o Futuro de uma Nação
IRH Press do Brasil

Nesta obra, o autor declara: "Devemos mobilizar o potencial das pessoas que reconhecem a existência

• Outros livros de Ryuho Okawa •

de Deus e de Buda, além de acreditar na Verdade, e trabalhar para construir uma utopia mundial. Devemos fazer do Japão o ponto de partida de nossas atividades políticas e causar impacto no mundo todo". Iremos nos afastar das forças políticas que trazem infelicidade à humanidade, criar um terreno sólido para a verdade e, com base nela, administrar o Estado e conduzir a política do país.

Ame, Nutra e Perdoe
Um Guia Capaz de Iluminar Sua Vida
IRH Press do Brasil

O autor traz uma filosofia de vida na qual revela os segredos para o crescimento espiritual através dos Estágios do amor. Cada estágio representa um nível de elevação no desenvolvimento espiritual. O objetivo do aprimoramento da alma humana na Terra é progredir por esses estágios e desenvolver uma nova visão do maior poder espiritual concedido aos seres humanos: o amor.

O Ponto de Partida da Felicidade
Um Guia Prático e Intuitivo para Descobrir o Amor, a Sabedoria e a Fé
Editora Cultrix

Podemos nos dedicar à aquisição de bens materiais ou buscar o verdadeiro caminho da felicidade – construído com o amor que dá, que acolhe a luz. Okawa nos mostra como alcançar a felicidade e ter uma vida plena de sentido.

A Essência de Buda
O Caminho da Iluminação e da Espiritualidade Superior
IRH Press do Brasil

Este guia mostra como viver com um verdadeiro propósito. Traz uma visão contemporânea do caminho que vai muito além do budismo, para orientar os que estão em busca da iluminação e da espiritualidade. Você descobrirá que os fundamentos espiritualistas, tão difundidos hoje, na verdade foram ensinados por Buda Shakyamuni e fazem parte do budismo, como *os Oito Corretos Caminhos, as Seis Perfeições e a Lei de Causa e Efeito, o Vazio, o Carma e a Reencarnação*, entre outros.

Convite à Felicidade
7 inspirações do seu anjo interior
IRH Press do Brasil

Este livro convida você a ter uma vida mais autêntica e satisfatória. Em suas páginas, você vai encontrar métodos práticos que o ajudarão a criar novos hábitos e levar uma vida mais despreocupada, completa e espiritualizada. Por meio de 7 inspirações, você será guiado até o anjo que existe em seu interior – a força que o ajuda a obter coragem e inspiração e ser verdadeiro consigo mesmo. Você vai compreender qual é a base necessária para viver com mais confiança, tranquilidade e sabedoria:
- exercícios de meditação, reflexão e concentração respiratória fáceis de usar;
- visualizações orientadas para criar uma vida melhor e obter paz em seu coração;

- espaços para você anotar as inspirações recebidas do seu anjo interior;
- dicas para compreender como fazer a contemplação;
- planos de ação simples, explicados passo a passo.

Curando a Si Mesmo
A Verdadeira Relação entre Corpo e Espírito
Editora Cultrix

O autor revela as verdadeiras causas das doenças e os remédios para várias delas, que a medicina moderna ainda não consegue curar, oferecendo conselhos espirituais e práticos. Ele mostra os segredos do funcionamento da alma e como o corpo humano está ligado ao plano espiritual.

Este livro é uma compilação de palestras, com alguns acréscimos, conforme listado a seguir.

– CAPÍTULO UM –
Deus não está em silêncio
Palestra dada em 16 de dezembro de 2014 na
Matriz Geral da Happy Science, Tóquio, Japão

– CAPÍTULO DOIS –
O conflito entre religião e materialismo
Palestra dada em 10 de novembro de 2013
no Tokyo Shōshinkan, Tóquio, Japão

– CAPÍTULO TRÊS –
O progresso que começa com a retidão
Palestra dada em 24 de janeiro de 2015 no Yokohama
Shōshinkan, Kanagawa, Japão

– CAPÍTULO QUATRO –
O princípio da justiça
Palestra dada em 24 de maio de 2015 no Templo
Principal de Shōshinkan, Tochigi, Japão

– CAPÍTULO CINCO –
A grande virada na história da humanidade
Palestra dada em 7 de julho de 2015
na Super Arena Saitama, Saitama, Japão

– CAPÍTULO SEIS –
Estabelecer a justiça de Deus
Seções 1-4: Palestra dada em 8 de março de 2015
no Tokyo Shōshinkan, Tóquio, Japão
Seções 5-6: Trechos da Seção de Perguntas e Respostas

GRÁFICA PAYM
Tel. [11] 4392-3344
paym@graficapaym.com.br